阅读古诗词的入门助手

故纸草木香
GUZHI CAOMU XIANG

—— 中学古诗词草木意象类鉴

张月英 著

哈尔滨出版社
HARBIN PUBLISHING HOUSE

图书在版编目（CIP）数据

故纸草木香：中学古诗词草木意象类鉴 / 张月英著
. — 哈尔滨：哈尔滨出版社，2023.6
ISBN 978-7-5484-7102-8

Ⅰ．①故… Ⅱ．①张… Ⅲ．①古典诗歌—中国—中学—教学参考资料 Ⅳ．① G634.303

中国国家版本馆 CIP 数据核字（2023）第 049452 号

书　　名：故纸草木香：中学古诗词草木意象类鉴
GUZHI CAOMU XIANG: ZHONGXUE GU SHICI CAOMU YIXIANG LEIJIAN

作　　者：张月英　著
责任编辑：韩伟锋
封面设计：树上微出版

出版发行：哈尔滨出版社（Harbin Publishing House）
社　　址：哈尔滨市香坊区泰山路 82-9 号　　邮编：150090
经　　销：全国新华书店
印　　刷：武汉市籍缘印刷厂
网　　址：www.hrbcbs.com
E-mail：hrbcbs@yeah.net
编辑版权热线：（0451）87900271　87900272

开　　本：880mm×1230mm　1/32　印张：7.25　字数：145 千字
版　　次：2023 年 6 月第 1 版
印　　次：2023 年 6 月第 1 次印刷
书　　号：ISBN 978-7-5484-7102-8
定　　价：78.00 元

凡购本社图书发现印装错误，请与本社印制部联系调换。
服务热线：（0451）87900279

目录
CONTENTS

万花敢向雪中出，一树独先天下春——梅花诗话　/ 1

绿杨烟外晓寒轻，红杏枝头春意闹——杏花诗话　/ 20

凭君莫厌临风看，占断春光是此花——桃花诗话　/ 42

若教解语应倾国，任是无情亦动人——牡丹诗话　/ 66

生无桃李春风面，名在山林处士家——兰花诗话　/ 92

接天莲叶无穷碧，映日荷花别样红——荷花诗话 / 116

何须浅碧深红色，自是花中第一流——桂花诗话 / 138

一从陶令评章后，千古高风说到今——菊花诗话 / 164

碧玉妆成一树高，万条垂下绿丝绦——咏柳诗话 / 189

不随天艳争春色，独守孤贞待岁寒——咏竹诗话 / 209

万花敢向雪中出，一树独先天下春
——梅花诗话

"梅，天下尤物，无问智贤愚不肖，莫敢有异议。"（范成大《梅谱前序》）"花卉之中，惟梅最清。受天地之气，禀霜雪之操，生于溪谷，秀于隆冬，淡然而有春色，此岂非造化私耶？"（王冕《梅谱》）梅花生于山谷，隆冬开放，冰肌玉骨，傲雪斗霜，早春花魁，格高韵朗。历来为人们所喜爱，经过历代文人墨客的不断吟咏刻画，梅花的审美情志也臻于完美。

梅花最早产于我国。最早进入诗人笔端，是在《诗经·召南·摽有梅》中。"（梅）以花贵，自战国始。"（《瀛奎律髓》）汉朝初时，修上林苑，远方各献名果佳树，有朱梅、胭脂梅（《西京杂记》），西汉末年扬雄作《蜀都赋》云："被以樱梅，树以木兰。"可见观赏梅花，此时已经进入人们的生活。到了南北朝，艺梅、赏梅、咏梅之风更盛，"梅于是时始以花闻天下"（杨万里《和梅诗序》），南朝宋鲍照（约414—466）的《梅花落》应是现存最早咏梅花的诗作。隋唐时期，是艺梅渐盛时期。唐朝刘庭琦《奉和圣制瑞雪篇》："何处田中非种玉，谁家院里不生梅。"唐代宋璟作《梅花赋》有

"独步早春,自全其天"等赞语,而李白、杜甫、柳宗元、白居易等也有咏梅名诗。唐初的咏梅作品还沿袭着南北朝的风格,停留在吟咏庭园梅树的圈子里。宋元时期,是我国古代艺梅的兴盛时期,植梅技艺提高,花色品种也显著增多,咏梅数量大增,对于梅的描写,也不再只专注于梅的外观,而注意到梅的精神内涵了。除梅花诗词外,梅画、梅书也纷纷问世。如北宋林逋(和靖)隐居杭州孤山,植梅放鹤,号称"梅妻鹤子"。南宋时范成大酷爱梅花,在苏州的石湖开辟梅园,撰成《梅谱》。陆游一生写下一百六十多首咏梅诗词。苏轼咏梅诗词也有四十余首,宋人周紫芝《竹坡诗话》这样写道:"林和靖赋梅花诗,有'疏影横斜水清浅,暗香浮动月黄昏'之语,脍炙天下殆二百年。东坡晚年在惠州,作梅花诗云:'纷纷初疑月挂树,耿耿独与参横昏。'此语一出,和靖之气遂索然矣。"元代的王冕,爱梅、咏梅、画梅成癖,别号"梅花屋主",于九里山植梅千株,也写有《梅谱》,其《墨梅》一诗云,"我家洗砚池头树,朵朵花开淡墨痕。不要人夸好颜色,只留清气满乾坤",流传千古。明清时期,艺梅规模与水平进一步发展,品种也不断增多。明代王象晋的《群芳谱》记载梅花品种19个,并分成白梅、红梅、异品三大类。咏梅、画梅之风有增无减。

  人们之所以喜欢吟咏梅花,是因为它贞姿劲质,雪魄冰魂,给人们以纯洁、坚韧之美,它是春的信息,是顽强生命力的象征。在古诗词中"梅"不单单是一种花木,还被赋予精神内涵,成为一种象征,与诗人们融为

一体。下面，我们一起走近梅花，领会古典诗词中"梅"的文化内涵。

古人写梅花，形式多变，内容丰富，体裁多样。无论古体诗、近体诗还是词曲，多有咏梅，内容上或写梅花形貌，或写其"疏影横斜"的身姿，或写"全有雪精神"的花色容颜，或借以托情，歌以咏志。

疏影横斜水清浅
——梅之姿

宋代林逋的咏梅名句"疏影横斜水清浅"，写尽"梅以曲为美，直则无姿；以欹为美，正则无景；以疏为美，密则无态"的姿态，为后世传唱。南宋光宗绍熙三年（1192）冬，范成大邀请姜夔到石湖别墅做客。两人相谈甚欢，结为忘年之交。姜夔看到别墅四周"有梅数百本"，梅花盈枝，于是投主人之雅好，创作了《疏影》《暗香》两篇词作，被后人誉为咏梅绝唱。尤其《疏影》一词，曲尽梅花"苔枝缀玉"之姿。范成大看过词作后大为赞赏，命家中歌女小红演唱，之后还将小红赠予了姜夔。这年除夕，姜夔带着小红离开石湖别墅乘船返回湖州。经过垂虹桥时，正值天降大雪，处处银装素裹。姜夔赋诗道："自作新词韵最娇，小红低唱我吹箫。曲终过尽松陵路，回首烟波十四桥。"留下一段文坛佳话。

故作小红桃杏色，酒晕无端上玉肌
——梅之色

梅花有白梅、红梅、绿梅等多种花色，苏轼的《再和杨公济梅花十绝》写道"洗尽铅华见雪肌，要将真色斗生枝。檀心已作龙涎吐，玉颊何劳獭髓医。""洗尽铅华见雪肌"一句，采用拟人手法，写白梅之洁如同美人不施朱粉，素面朝天，令人爱怜。更有以雪来形容梅花的，如王安石的"婵娟一种如冰雪，依倚春风笑野棠"（《梅花诗》）。唐朝张谓的"一树寒梅白玉条，迥临村路傍溪桥。不知近水花先发，疑是经冬雪未销"（《早梅》）更是写出了白梅的精髓：在远离村路的小溪桥边，一株早梅凌寒挺立，开满了洁白如玉的花朵，初看还以为这是经冬的白雪积压在枝条上没有消融，原来竟是近水的春梅提前开花。原不知梅花近水而先开，又因远离村路，而疑盛开的梅花为一树积雪，这"疑"，合情合理，它不仅真切地写出了诗人远望梅花有似雪非雪的恍惚迷离之感，而且也巧妙地再现了梅花的形神。

宋苏轼《红梅》诗之一："怕愁贪睡独开迟，自恐冰容不入时。故作小红桃杏色，尚余孤瘦雪霜姿。寒心未肯随春态，酒晕无端上玉肌。诗老不知梅格在，更看绿叶与青枝。"酒晕，饮酒以后脸上出现的红晕；玉肌，犹如说玉容。红梅耐寒的性格使它不肯随春花开放，那红红玉容好似喝醉了酒一样。用美人酒后的红颜比喻梅

花的娇容。宋初诗人梅尧臣笔下的梅花,更是用女孩的红唇来写梅花的红艳动人:"家住寒溪曲,梅先杂暖春。学妆如小女,聚笑发丹唇。"(《红梅》)红梅之俏,读来动人心魄。范成大的"后来颜色休论似,夹路漫山取次红"的诗句,描写梅花的色彩更可谓精彩绝伦。

遥知不是雪,为有暗香来
——梅之香

陆佃在《埤雅》中说,"梅花优于香",梅花清香怡人,被人比作"香雪"。明人姚希孟曾在《梅花杂咏》序中写道:"梅花之盛不得不推吴中,而必以光福诸山为最,若言其衍亘五六十里,窈无穷际。"康熙三十五年(1696)江苏巡抚宋荦赏梅后题"香雪海"三字镌于崖壁,从此香雪海名扬海内。"香"是梅花最为人喜爱的特色,自然咏梅诗多咏其香。如梅尧臣的《京师逢卖梅花》:"忆在鄜畤旧国傍,马穿修竹忽闻香。"姜夔的《暗香疏影》有"等恁时、重觅幽香,已入小窗横幅"。刘秉忠的《江边梅树》有"素艳乍开珠蓓蕾,暗香微度玉玲珑"等。写出梅花之香,香得醉人,香得久远,香得别有情趣。而王安石的"墙角数枝梅,凌寒独自开。遥知不是雪,为有暗香来"则写道,远远望去,知道是梅不是雪,是因有幽香飘至。借雪、梅之喻而突出梅花之香。姜夔在《除夜自石湖归苕溪》说:"梅花竹里无人见,一夜吹

香过石桥。"除夕之夜，诗人乘舟归苕溪，无法看到岸边竹丛中梅花的幽姿，一夜不断吹来的梅香，却陪诗人穿过道道石桥。读来使人也同诗人一样醺醺欲醉了。

更多的咏梅诗是借咏梅来寄托自己的情志，或借咏梅以抒情，或借咏梅以言志，内容深刻，寓意隽永，历来为人们所称道。

归来笑拈梅花嗅，春在枝头已十分
——报喜传春

"学圃之士必先种梅，且不厌多，他花有无多少，皆不系重轻。"（宋·范成大《范村梅谱》），自古及今，梅遍布园林庭院，深受人们喜爱，是梅花"向暖南枝，最是他潇洒，先带春回"（宋·卢炳《汉宫春》），它最早凌寒开放，报春回大地，充满喜庆吉祥。梅花盛开之后就会迎来万物复苏的春季，代表了一种生机与喜悦，所以它也就有了吉祥喜庆的寓意，是报喜传春的代表花卉。

我国很早就有将梅花看作吉祥的说法。它的花朵有五瓣，代表"梅开五福"，分别代表了长寿、顺利、和平、快乐和幸运。又有"梅具四德"之说："初生蕊为元，开花为亨，结子为利，成熟为贞。"所以梅花也是大吉大利的象征。因此在梅花盛开时也就象征着五福的福气即将到来，会为人们带来好运，使其幸福。民俗中就有喜鹊登梅（喜上眉梢）的吉祥图，亲友团聚、贺寿或考取功

名等各种喜讯都常以梅相贺，如李清照的《渔家傲》："雪里已知春信至，寒梅点缀琼枝腻。香脸半开娇旖旎，当庭际，玉人浴出新妆洗。造化可能偏有意，故教明月玲珑地，共赏金尊沉绿蚁，莫辞醉，此花不与群花比。"这是写她因获春信，与亲人在庭院中赏梅相贺的幸福、喜悦情景。《小重山》："春到长门春草青，江梅些子破，未开匀。碧云笼碾玉成尘，留晓梦，惊破一瓯春。花影压重门，疏帘铺淡月，好黄昏。二年三度负东君，归来也，著意过今春。"这是她知道丈夫即将归来团聚时，以红梅抒发喜悦之情的。再如宋朝甄龙友《南乡子·十月小阳春》"十月小阳春，放榜梅花作状元。重庆礼成三日后，生贤。第一龙飞不偶然。"是贺功成名就的。庭院植梅、报春、贺喜的民俗，使得咏梅词具有了丰富的社会内涵。

相思一夜梅花发，忽到窗前疑是君
——寄情托思

《诗经·召南·摽有梅》："摽有梅，其实七兮。求我庶士，迨其吉兮！摽有梅，其实三兮。求我庶士，迨其今兮！摽有梅，顷筐塈之。求我庶士，迨其谓之！"就以梅子兴比，唱出了怜惜青春、渴求爱情的诗歌。"梅"与"媒"同音，明朝陈与郊在《鹦鹉洲》中说："因荷能得藕，有杏不须梅。"而且梅的品类中有一种鸳鸯梅，结实时必定成双成对，就像鸳鸯一样形影不离，所以民俗中把梅花与月组合成花好月圆的吉祥图案，象

征夫妻和美,团圆幸福。孙居敬的《风入松》:"谩道梅花纸帐,鸳鸯终待双飞。"朱敦儒的《鹧鸪天》:"道人还了鸳鸯债,纸帐梅花醉梦间。"李清照的《孤雁儿》:"藤床纸帐朝眠起,说不尽无佳思……笛声三弄,梅心惊破,多少春情意。"爱要忠贞,情要专一。唐朝卢仝在《有所思》中写道:"当时我醉美人家,美人颜色娇如花。今日美人弃我去,青楼珠箔天之涯。天涯娟娟姮娥月,三五二八盈又缺。翠眉蝉鬓生别离,一望不见心断绝。心断绝,几千里。梦中醉卧巫山云,觉来泪滴湘江水。湘江两岸花木深,美人不见愁人心。含愁更奏绿绮琴,调高弦绝无知音。美人兮美人,不知为暮雨兮为朝云。相思一夜梅花发,忽到窗前疑是君。"他借梅花喻指所思美女,期盼美人隔窗相见。

南朝文人以梅花寄情托思的诗作逐渐增多,如南朝长篇乐府民歌《西洲曲》中就有"忆梅下西洲,折梅寄江北"之句。后代文人赋予梅花情思的范围渐渐扩大,已不单单是表达友情,还有乡情。杜甫的《江梅》就是借梅花抒乡愁之作,"梅蕊腊前破,梅花年后多。绝知春意好,最奈客愁何。"蜡梅盛开,春意姗姗走来,可惜春光再好,也难排遣乡愁。这首诗是以乐景写哀情的佳作,在咏梅诗中也是别具一格。此外,王维的《杂诗其二》也是寄梅表思乡之情的佳作:"君自故乡来,应知故乡事。来日绮窗前,寒梅著花未?"诗人思念故乡不得归,见故乡来人,心里欣喜,脱口便问故乡的梅花是否开放。家乡的梅花已成为诗人心底温馨的记忆,是诗人思乡之情的寄托。

江南无所有，聊赠一枝春
——传达友情

西汉刘向《说苑》第十二卷记载："越使诸发执一枝梅遗梁王，梁王之臣曰韩子，顾谓左右曰：'恶有以一枝梅，以遗列国之君者乎？请为二三日惭之。'"当时中原一带梅花还是稀有之物，所以越使者会千里迢迢，带去作为礼品。但梁王的大臣不理解，越使者竟然送给国君一枝梅花，太不懂礼数了。从这个故事可以看出，春秋时期，越国已经开始赏梅花，并形成了馈赠梅花以传达友情的习俗了。

南朝陆凯与范晔交情深厚，陆凯派人给当时在长安的范晔送去一枝梅花，并附诗一首："折花逢驿使，寄与陇头人。江南无所有，聊赠一枝春。"（《赠范晔》）折梅花寄赠友人，正是借以表达自己以梅花自许，亦以梅花许人，对于友人具有梅花一样品格的赞赏；同时也含有对友人的慰藉之情，预示不久的将来春天也将到北方。自己对友人的感情也像梅花，虽遭严寒而不凋谢。颇有一种友情坚贞，与友为善的意味在其中。折梅代书亦是诗人高雅情操的表现。南朝民歌《西洲曲》："忆梅下西洲，折梅寄江北。"从此，"梅花使"便成了驿使的美称，而"梅驿"成了驿所的雅称；"梅花约"是指与好友的约会。

司马光《梅花》："驿使何时发，凭君寄一枝。"《和史诚之谢送张明叔梅台三种梅花》："殷勤手折遥相赠，

不欲花前独举觞。"继承了这一意象，梅花成为传达友情的信物。折梅寄友后又逐渐代表一种情绪，诗人看到梅花就不由得想起远方的朋友。苏轼《次韵杨公济奉议梅花》："岭北霜枝最多思，忍寒留待使君来。"张舜民《舟行江岸见早梅盛开》："江上篱边见早梅，天寒地暖数枝开。为怜北客漂流远，偷报东君信息回。香气轻于新酿熟，襟怀重似故人来。舟中莫问无兼有，急急呼儿贳酒杯。"

也有抒发对友人的相思之情。朱松《饮梅花下赠客》："且当醉倒此花前，犹胜相似寄愁绝。"朱熹《清江道中见梅》："他年千里梦，谁与寄相思。"苏轼《西江月》："玉骨那愁瘴雾，冰姿自有仙风。海仙时遣探芳丛，倒挂绿毛么凤。素面翻嫌粉涴，洗妆不褪唇红。高情已逐晓云空，不与梨花同梦。"都透露出悠悠相思之情。

南宋诗人杜耒更是借梅花写出友谊可贵。他的《寒夜》云："寒夜客来茶当酒，竹炉汤沸火初红。寻常一样窗前月，才有梅花便不同。"约翰·列侬曾说："当我们正在为生活疲于奔命的时候，生活已经离我们而去。"岁暮天寒，家中清冷，杜耒就将火炉点了起来。谁知，故人不请自来，边叨念着屋外的严寒，边进屋坐在了炉旁取暖。既是老友，便没了拘泥，仅有清茶，也不觉怠慢。闲聊几句，便已欣然，在月色中啜茗，素辉伴茶，清甜饮下，再加上闻到丝丝缕缕的梅香，平常的夜，此刻也曼妙起来。挚友相伴，光阴悠悠，此夜虽寒凉，安坐即舒心。

正是花中巢许辈，人间富贵不关渠
——隐者高士

　　由于梅花多生在山村幽谷等环境幽僻之地，又在冬余雪残之际盛开，有着与世无争之性。因此很多文人在受挫感到尘世的不如意时，加之受道家逍遥哲学的影响，便寄情于山林风物，渴望清净无争的生活，梅花也便有了隐者高士的意象。

　　张可久《天净沙·鲁卿庵中》："青苔古木萧萧，苍云秋水迢迢。红叶山斋小小，有谁曾到？探梅人过溪桥。"作者将我们带入渺无人迹的深幽境地，但秋高气爽，要知梅本非秋日之物，秋日岂有梅可寻？只因梅生于幽僻古静之地，正如隐士隐居一般，所以这里的"梅"代表着隐士，"探梅"就是探友罢了。其实这"梅"便是如梅之高洁隐士——鲁卿。以梅比隐者，隐者亦是梅。作者先写出友人生活环境的淡远幽雅，礼赞友人鲁卿的隐居生活和品格风致；后写自己探望友人，说自己是"探梅人"。诗人踏过青苔，穿过古木，绕过秋水，走过溪桥，清闲自在，兴致颇浓，去探"梅"的同时，何尝不是作者自己对归隐的向往？

　　南宋诗人萧德藻《古梅·其二》："百千年藓著枯树，三两点春供老枝。绝壁笛声那得到，只愁斜日冻蜂知。"作者笔下的古梅树花极少，但还是怕被冬日黄昏的蜜蜂知道，使隐于绝壁的淡泊宁静生活被破坏，借梅自咏，以明终隐着志。宋诗人方岳《梦寻梅》："野

径深藏隐者家,岸沙分路带溪斜。马蹄残雪六七里,山嘴有梅三四花。黄叶拥篱埋药草,青灯煨芋话桑麻。一生烟雨蓬茅底,不梦金貂侍玉华。"诗一开始就推出一个幽雅僻静的背景,曲径通隐者之家,这是诗人理想的生活。所谓"寻梅",亦不过是寻隐逸。周密《疏影·梅影》中词句:"记梦回,纸帐残灯,瘦倚数枝清绝。"宋人制造梅花纸帐,隐士好用,灯已烧残,正照在纸帐上的几枝梅花瘦影上。这样的清幽生活也只堪隐者所享。陆游有《雪中寻梅》一诗,"幽香淡淡影疏疏,雪虐风饕亦自如。正是花中巢许辈,人间富贵不关渠",就是通过赞梅花不争富贵之性,来表达自己淡泊名利之心。

俏也不争春,只把春来报
——高洁旷达

因梅花在冬末盛开,在凌寒中留香,不与群芳争艳,故高洁脱俗是文人赋予梅花最多的内涵,很多文人以梅花自喻,表达自己高洁傲岸的品性操守。唐文人多借梅抒情感、托身世,宋开始,此类作品渐歇。"高洁"这一寓意在宋代词人笔下被广泛应用,赞梅之品格、咏梅之精神的作品盛行。

鲁迅先生曾精辟地用梅花作比:"中国真同梅树一样,看它衰老腐朽到不成一个样子,一忽儿挺生一两条新梢,又回复到繁花密缀,绿叶葱茏的景象了。"他

还请人为他篆刻"只有梅花是知己"的石印，抒发自己的高洁情操。可见，梅花在中国文人眼中是不同于其他花卉的，它的高洁更是与众不同。

南朝鲍照的《梅花落》："中庭多杂树，偏为梅咨嗟。问君何独然，念其霜中能作花，露中能作实。摇荡春风媚春日，念尔零落逐风飚，徒有霜华无霜质。"鲍照文学造诣虽高，但一生郁郁不得志，他的一腔抱负只能托喻梅花。"霜中作花"其实是作者自己的写照。所谓"诗人心亦是君子心"。傲霜雪凌寒开的梅花，是那个时代位卑志高、孤直不屈，宁在寒风中屹立，不在温室中枯萎的高洁之士的写照。体现了诗人俯仰天地之间，手持寒梅，坚贞不屈的旷达情怀。

隋朝宫女侯夫人《春日看梅花·其二》："香清寒艳好，谁惜是天真。玉梅谢后阳和至，散与群芳自在春。"这"天真"二字既是诗人对梅花的高度评价，亦是诗人的自评。作者是孤芳自赏的佳人，同是天真，诗人与玉梅便合而为一了。

梅花之通体清澄、内外俱净，引发了文人洁身净心的自觉意识，映衬了他们冰清玉洁的品格，于是文人以梅花意象为载体，渗透于诗词之中。宋代女词人李清照《满庭芳》的结句"难言处，良宵淡月，疏影尚风流"赞美了一种饱经苦难折磨之后，仍孤高自傲，对人生存在信心的高尚的精神品格。从以上例子中，我们可以看出历代文人墨客对于梅花的高洁、孤芳自赏是肯定的，也是有其作为人生追求的价值所在的。

辛弃疾在《临江仙·探梅》中，就以"一枝先破

玉溪春。更无花态度，全有雪精神"来赞美梅的高洁精神。在词人眼中，梅花迎着料峭春寒，率先开放，毫无群芳娇媚之态，大有雪一样的冰清玉洁。群芳与梅花，就是俗人与雅士的对比。词人称赞梅花高洁，实为以梅自诩，是对高洁之士的称赞。宋代词人赵长卿更是喜欢梅花，他曾写下十二首《探春令·赏梅》，其中有多处佳句赞梅之高洁。"江梅孤洁无拘束，只温然如玉，自一般天赋，风流清秀，总不同粗俗""芳心自与群花别。尽孤高清洁"等句都是对梅高洁脱俗精神的礼赞。

　　明清时期，文人写梅多承袭宋代的写法，对梅崇高的品性予以赞扬，托物寓意，表自我气节。最有名的为王冕的《墨梅》："我家洗砚池头树，朵朵花开淡墨痕。不要人夸好颜色，只留清气满乾坤。"王冕幼时家贫，曾白天放牛时在学堂下偷听先生讲学，晚上到寺庙里借助昏暗的灯光看书，十分刻苦。但其屡试不中，又不愿巴结权贵，故王冕正是借梅花高洁超逸的特性来表达自己不向世俗谄媚的高尚节操。还有元代贯云石的《清江引·咏梅》中的"偏宜雪月交，不惹蜂蝶戏，有时节暗香来梦里"也是咏梅高洁脱俗之性的佳句。

零落成泥碾作尘，只有香如故
——坚贞不渝

梅花凌寒怒放，不畏严寒，无惧霜雪，此特性乃群芳所不及。文人也正是抓住这一特性，将梅花誉为生命的斗士，赋予其不屈的精神和顽强的斗志。清代李渔曾论赏梅："风送香来，香来而寒亦至；……雪助花妍，雪冻而花亦冻。"(《闲情偶寄》)可见，雪与梅常常是不可分开的，卢梅坡的《雪梅》诗更是将两者的关系写得形象极致："梅须逊雪三分白，雪却输梅一段香。"

张谓《早梅》诗云："一树寒梅白玉条，迥临村路傍溪桥。不知近水花先发，疑是经冬雪未销。"许浑《早梅》亦云："素艳雪凝树。"寒梅花发，似玉如雪，"遥知不是雪，为有暗香来"。李商隐《十一月中旬至扶风界见梅花》："匝路亭亭艳，非时裛裛香。素娥惟与月，青女不饶霜。赠远虚盈手，伤离适断肠。为谁成早秀，不待作年芳。"纵然青女要下霜来摧折梅花，但过早开放的梅花依然是亭亭玉立，花容清丽，足见其傲骨。

陆游的《卜算子·咏梅》词是赞扬梅花顽强意志和斗争精神的代表作，"已是黄昏独自愁，更着风和雨"，"零落成泥碾作尘，只有香如故"都是对梅花坚强不屈和坚贞不渝品格的赞扬。陆游一生主张抗金，收复失地。然而南宋朝廷昏庸无能，陆游的仕途几经起落。词中梅的遭遇正是陆游自己人生的真实写照。梅花经风雨摧残后仍能"香如故"，正如词人几经打击

仍能坚守自己的理想。这首《咏梅》咏的不只是眼前之梅，更是心中之梅。

南宋陈亮的《梅花》，"欲传春信息，不怕雪埋藏。玉笛休三弄，东君正主张"，咏的也正是梅花不惧霜雪的顽强品格。陈亮与陆游一样，一生为国事鞠躬尽瘁。他借颂赞梅花的坚强不屈来表现自己的抗金思想不会动摇，以梅花的傲然挺立象征自己的抗金斗志永不倒。

杨亿《少年游》的上片："江南节物，水昏云淡，飞雪满前村。千寻翠岭，一枝芳艳，迢递寄归人。"在雪里寻梅，从梅花处得到春的讯息。词人以广阔的江南为背景，把梅的傲雪精神表现得淋漓尽致。吴镇《南吕·金字经·梅边》云："雪冷松边路，月寒湖上村，缥缈梨花入梦云。巡，小檐芳树春。江梅信，翠禽啼向人。"在冰天雪地里，作者寻觅着，突然间耳目一新，小檐下的"芳树"（即梅树）预报着春天，傲雪凌霜便是梅的性格。这里准确细腻地写出了作者在冰雪世界中努力探寻"春"的细微信息的情状，含蓄地展示了作者内心积极乐观的心理状态。冯山《山路梅花》："莫作寻常花蕊看，江南音信隔年回。"梅花不仅在冬天含香开放，而且还带回了春回人间的消息。纵使是开放在山路旁，无人赏识，但它仍给行人带来了温慰之情。

此外，颂赞梅花顽强不屈品格的诗词还有很多。欧阳修《和对雪忆梅花》中的"穷冬万木立枯死，玉艳独发陵清寒。鲜妍皎如镜里面，绰约对若风中仙"，辛弃疾《江神子·赋梅寄余叔良》中的"暗香横路雪

垂垂，晚风吹，晓风吹"等都是歌咏梅花顽强不屈精神的佳句。

雪满山中高士卧，月明林下美人来
——霜雪美人

明朝诗人高启的《咏梅九首·其一》："琼姿只合在瑶台，谁向江南处处栽？雪满山中高士卧，月明林下美人来。寒依疏影萧萧竹，春掩残香漠漠苔。自去何郎无好咏，东风愁寂几回开。"诗中月光中的林下美人，用的是柳宗元《龙城录》中赵师雄的典故："隋开皇中，赵师雄遣罗浮。一日天寒日暮，在醉醒间，因憩仆车于松林间，酒肆旁舍，见一女人，淡妆素服，出迓师雄。时已昏黑，残雪未消，月色微明，师雄善之，与之语，但觉芳香袭人，语言极清丽。因与之扣酒家门，得数杯相与共饮。少顷有一绿衣童子来，笑歌戏舞，亦自可观。师雄醉寐，但觉风寒相袭，久之东方已白，师雄起视，乃在大梅花树下，上有翠羽啾嘈相顾，月落参横，但惆怅而已。"赵师雄于寒冬时节在罗浮山中见一淡妆素服的美人，此女便是梅花所化。于是，后世常以梅花比美人，梅花就有了"霜雪美人"的意象，不仅因为它本身具有美人姿态，还因为它有清冷淡雅的美。

元代张雨《中吕·喜春来·泰定三年丙寅岁除夜玉山舟中赋》："江梅的的依茅舍，石濑溅溅漱玉沙，瓦瓯

篷底送年华。问暮鸦,何处阿戎家。"曲中"的的"二字形容梅花在暮色中仍显得鲜明耀眼,把灰黄的茅舍也辉映得富有了神气。"的"在古代亦指女子脸上装饰的红点,《释名·释首饰》云:"以丹注面曰的。"傅咸《镜赋》亦云:"点双的以发姿。"可见,梅花如美人颊上的艳艳红点,益发增添了梅花的美艳。张可久《黄钟·人月圆·雪中游虎丘》中云:"梅花浑似真真面,留我倚阑杆。"诗中"真真"指美女的容貌,见于《太平广记·画工》所载一张神画上的美女,名叫真真。

武元衡《赠道者》:"麻衣如雪一枝梅,笑掩微妆入梦来。若到越溪逢越女,红莲池里白莲开。"诗中"麻衣如雪"化用了《诗经·曹风·蜉蝣》中的句子,借用来描画女子所穿的一身雪白衣裳。在形容了女子的衣着后,诗人又以高雅素洁的白梅来比拟女子的体态、风韵,可谓传神。

苏轼《定风波·红梅》:"好睡慵开莫厌迟。自怜冰脸不时宜。偶作小红桃杏色,闲雅,尚余孤瘦雪霜姿。休把闲心随物态,何事,酒生微晕沁瑶肌。诗老不知梅格在,吟咏,更看绿叶与青枝。"词的上片一开始便以拟人手法,花似美人,美人似花,饶有情致。因"迟"开而与桃杏同放。梅花生就冰清玉洁之姿,怎合姹紫嫣红之群,所以"乔装改扮",尽显美姿丰神。下片三句继续对红梅做渲染,笔转而意仍承。"休把闲心随物态",承"尚余孤瘦雪霜姿";"酒生微晕沁瑶肌",承"偶作小红桃杏色"。"闲心""瑶肌",仍以美人喻花,言心性本是闲淡雅致,不应随世态而转移;肌肤本是洁白如玉,

何以酒晕生红?

姜夔《疏影》:"想佩环,月夜归来,化作此花幽独。"写王昭君的月夜归魂,给梅花形象增添了血肉。"客里相逢,篱角黄昏,无言自倚修竹。"化用杜甫《佳人》诗句:"绝代有佳人,幽居在空谷。天寒翠袖薄,日暮倚修竹。"这位佳人,正是诗人理想中的艺术形象。

最后,赞语几句:蜡梅与梅花是两种完全不同的植物。蜡梅非梅类,范成大《梅谱》:"蜡梅,本非梅类,以其与梅同时,香又相近,色酷似蜜脾,故称蜡梅。"由此看来,因它与梅花开放时间接近,也在冬季落叶后开花,所以容易和梅花混淆。梅花是蔷薇科、李属,落叶乔木,高可达四至十米,梅花颜色呈粉红、纯白等;蜡梅是蜡梅科、蜡梅属,落叶灌木,枝干丛生,高一般二至四米,它开花时间与梅花相接近,花瓣似涂一层蜂蜡,故叫蜡梅。宋代诗人黄庭坚曾作《戏咏蜡梅二首》,其一:金蓓锁春寒,恼人香未展。虽无桃李颜,风味极不浅。其二:体薰山麝脐,色染蔷薇露。披拂不满襟,时有暗香度。称赞了蜡梅外表平凡但香气宜人。但正如范成大所说:"蜡梅香极清芳,殆过梅香,初不以形状贵也,故难题咏。"

绿杨烟外晓寒轻，红杏枝头春意闹

——杏花诗话

"杏者，东方岁星之精也"（《渊鉴类函》），"杏，一名甜梅，树大，花多，根最浅，以大石压根则花盛。叶似梅差大，色微红，圆而有尖。花二月开，未开色纯红，开时色白微带红"《广群芳谱》。"（杏）实多，形如弹丸，有大如梨者。生酢熟甜"，"杏实，味香于梅而酸不及，核与肉自相离，其仁可入药"（《格物丛话》）。

杏树原产我国，在我国栽培历史悠久。我国最早的一部指导农业生产的历书《夏小正》已有"正月，梅杏杝桃则华；四月，囿有见杏"的叙述，表明当时在我国中原一带杏已由野生变为人工栽培。《管子》中说"五沃之土，其土宜杏"；《山海经》中说"灵山之下，其木多杏"（灵山指今陕西秦岭一带）；汉代《氾胜之书》中记有"杏始华荣，辄耕轻土，弱土。望杏花落，复耕……"表明当时已知用杏的开花物候期来指导农事活动。贾思勰在《齐民要术》中则更详细地描述了杏的栽培技术，表明至北魏时期，杏树栽培管理技术已达相当高的水平。用嫁接方法繁殖杏树的记载始见于《群芳谱》，该书中说："桃树接杏，结果红而且大，又耐久不

枯"，表明我国古代劳动人民已经懂得可以用不同砧木嫁接杏树来改进杏果品质。杏在古代与桃、李、栗、枣共称"五果"，足见其在当时果树生产中的地位。

杏花是同梅花、桃花、李花同属蔷薇科李属的落叶乔木，它们的外貌因此很有几分相像，先叶开花，花出五瓣，但开花时间，杏花介于它们之间，晚于梅而早于桃李。"梅、杏、柂桃始华"，就是按照开花顺序先后排列的，梅、杏、桃，依次开花，秩序井然。

杏花开在暖春，花期并不短，再加上各地气候不完全相同，一般到农历四月还能见到它花枝招展。但人皆以其始发于二月且盛于二月，便把二月看作是它当令的时节，并以之命名，称二月为杏月。许多月令农时之书，往往在叙述到二月时，要给杏花留下位置，如汉代农谚云："三月昏，参星夕，杏花盛，桑椹赤。"（汉朝崔寔《引农语》）这番话对二月的自然征候做了精简的概括。唐代韩鄂《岁华纪丽·二月》说："暖日融天，和风扇物。杏压园林之香气，柳笼门巷之晴烟。"

请君红白外，别眼看天工
——杏之花色

杏花不同于梅的"横斜疏瘦"，杏花会热热闹闹、盈盈满满地开遍枝头。杏花最特别之处，在于花苞呈点点绛红，再绽放开来，渐渐变成团簇枝头的粉白，直到快要凋谢时，则成为满树雪白。赏杏花应在将开未开之

际，那时的杏花红粉相映，白里透红。而这也没有逃过诗人的眼睛，唐代韩愈写道："居邻北郭古寺空，杏花两株能白红"；宋代杨万里则进一步描述："绝怜欲白仍红处，政是微开半吐时"。唐朝诗人王维面对已经转白的杏花，吟咏了一首《春中田园作》："屋上春鸠鸣，村边杏花白。持斧伐远扬，荷锄觇泉脉。"诗中写鸟鸣花开，春意盎然，冬天已难见到的斑鸠，随着春天的来临，早早飞临村庄，在屋顶鸣叫，村中的杏花争相开放，雪白一片，整个村子掩映在白色的杏花中。品读此诗，无疑在欣赏一幅美丽的山水画。"道白非真白，言红不若红，请君红白外，别眼看天工。"这是宋代诗人杨万里的咏杏五绝，他对杏花的观察十分细致。王安石在《北陂杏花》诗中，也把杏花飘落比作纷飞的白雪，他欣赏了水边的杏花，感慨地咏道："一陂春水绕花身，花影妖娆各占春。纵被春风吹作雪，绝胜南陌碾成尘。"清水绕杏树，岸上花朵，水中花影，各显芳姿，水旁杏花是多么的美丽！

　　此外还有一些诗句，并不直接描绘杏花的颜色，而是将之与其他花卉做比较。如孙何《咏杏花》"殷红鄙桃艳，淡白笑梨花"，讲杏花的花色没有桃花那么红艳，又不像梨花一般素淡。大体来说，在古诗文里，和白梅、梨花相比时，杏花也可以被称为"红杏"；而和桃花、红牡丹作比，则是"桃花深红杏花白，红白花开弄春色"（杨基《潭州杂怀》），"行家织锦成染别，牡丹花红杏花白"（张昱《织锦词》），杏花就被视作白色的花朵了。

春色方盈野,枝枝绽翠英
——杏之意境

明代园艺家王世懋认为:"杏花无奇,多种成林则佳"(《学圃杂疏·花疏》),是比较有道理的。杏花和梅花虽然相似,而气象是全然不同的。梅花的花瓣比杏花略小一点儿,形状更接近规整的圆形,花开得也不如杏花那么密,因此总有一种疏朗感,孤植一两株就很好看。折下的梅枝插在花瓶里,是传统文化中偏爱的审美。单独的杏树枝条不如梅枝显得俊逸,然而杏花的韵致并不在此。梅花颜色繁多,有时种了一大片,深浅搭配得不好看,会显得杂乱。杏树就不会,杏花的花色均匀,更加适合大片种植,在大型园林或风景区内,群植于山坡和水畔是较理想的方式。盛开的时候,柔白浅粉,霭霭如停云。成片的杏林景致,更加动人。春寒料峭中,百花犹在沉睡,杏花却早已一丛丛一束束在枝头顾盼生辉。南北朝文学家庾信便触景生情,作了一首《杏花诗》:"春色方盈野,枝枝绽翠英。依稀映村坞,烂熳开山城。好折待宾客,金盘衬红琼。"诗中的杏花是如此绮艳美丽,弥漫着妩媚和浓浓的春意,并显露出对客人的浓情蜜意。《声律启蒙》中的"两岸晓烟杨柳绿,一园春雨杏花红"则是收尽杏花春雨的小园即景。杏花,又是宜雨宜晴的。早晨的薄雾与轻烟中的杏花,傍着炊烟与薄雾浸染开来,宛若云霞。明代陈子龙的"杨柳迷离晓雾中,杏

花零落五更钟"写尽薄雾中的杏花的缱绻；北宋寇准的"晓带轻烟间杏花，晚凝深翠拂平沙"描绘了杏花与轻烟一同推开晨曦的薄纱；南宋陈与义的"杏花疏影里，吹笛到天明"更得意境；南宋韩元吉的"杏花无处避春愁，也傍野烟发"则多了一份愁思。

早春二月，在春雨点染过的江南江北的山野，烟霞般的杏花次第开放。细雨蒙蒙，轻风剪剪，杨柳吐青，暖意拂面。诗人骚客悠然徜徉春色里，徜徉在杏花春雨、吹面不寒杨柳风的意境中，让他们心旌摇动。他们将杏花入诗，从不同的角度审视杏花，把自己的审美理想寄寓于杏花，"杏花"也就成了中国古典诗词常写常新的意象，形成了中国独具特色的"杏花文化"。

红杏枝头春意闹
——春的象征

我国古代较早描写杏花的诗篇当数南北朝诗人庾信的《杏花诗》："春色方盈野，枝枝绽翠英。依稀映村坞，烂熳开山城。好折待宾客，金盘衬红琼。"诵读这首小诗，首先映入我们眼帘的，是在茫茫无际的原野上，绽开着一枝枝鲜嫩之色的杏花："春色方盈野，枝枝绽翠英。"淡远的青绿与鲜艳的杏红，以一种和谐明快的色调，点染出浓郁的春意。"依稀映村坞，烂熳开山城"，随着视线的移动，我们看到粉红色的杏花，或在远处的村庄隐约可见，或在近处的山城艳丽夺目，一派"红杏

枝头春意闹"的景象。接着，诗人笔调轻轻一转，抒写出人们对杏花的喜欢和珍爱："好折待宾客，金盘衬红琼。"红琼是红色的美玉。小心采折的杏花，衬托在金黄色的盘子里，就像一块块红色的美玉，敬献在宾客面前。它象征着五彩缤纷、欣欣向荣的春天，传达出沸腾喧闹、生机盎然的春意，给予读者以无限惜春、爱春、赏春的欣喜和愉快。如果说，宋人叶绍翁的"满园春色关不住，一枝红杏出墙来"，是以虚带实，以静衬动，烘托了春天的美丽和生动，那么，"好折待宾客，金盘衬红琼"，则是以鲜明的色彩和强烈的色调透露出春天的信息，迸发出人们对春晖的喜爱之情。

　　杏花的盛开展示着春光的明媚，我们来看北宋词人宋祁《玉楼春》词中的红杏："东城渐觉风光好，縠皱波纹迎客棹。绿杨烟外晓寒轻，红杏枝头春意闹。浮生长恨欢娱少，肯爱千金轻一笑。为君持酒劝斜阳，且向花间留晚照。"词的上片写春光无限，下片感叹春光难留，赏春难以尽兴，寄托了对大自然的喜爱之情。具体讲，上片四句写春游出东城所见早春之胜景：轻舟在碧波中荡漾，绿柳在微风中轻摇，红杏在阳光下怒放。早春时最足以显示春光的当是红杏，杏花盛开，生气勃勃，如火如荼。红杏盛开衬托出春意之浓，着一"闹"字，似是杏花在有意闹春，写尽了那一派盎然的春意、蓬勃的生机。同时，"闹"字还容易使人联想到"闹新春""闹元宵"等热闹景象，融入了词人对春天的热烈期盼之情。我国近代著名学者王国维在《人间词话》中说："'红杏枝头春意闹'，著一'闹'字，而境界全出。"宋祁因词

中"红杏枝头春意闹"一句而名扬词坛，被世人称作红杏尚书。

王维的《春中田园作》"屋上春鸠鸣，村边杏花白。持斧伐远扬，荷锄觇泉脉。归燕识故巢，旧人看新历。临觞忽不御，惆怅远行客。"此诗写出了春天的欣欣向荣和农民的愉快欢欣，表现了作者对田园生活的热爱。村中的杏花争先开放，粉白一片，整个村子掩映在白色的杏花中。纷乱的杏花让诗人顿时兴起田园之乐，杏花开在村边，也开在诗人的心头。全诗健康活泼，清新淳朴。

半面宫妆出晓晴
——少女的象征

"桃李前头一树春，绛唇深注蜡犹新。只嫌憨笑无人管，闹簇枯枝不肯匀。"在诗人元好问笔下的杏花仿佛是春天的"少女"。那新嫩华润的光泽，淡红微翘的薄唇，带有少女般的娇美稚气。它们憨笑着，嬉闹着簇拥在一起，何等欢快啊！杏花的嬉闹正是春天的欢笑。诗人仅是淡淡几笔，就把杏花的神情姿色描摹得出神入化，气韵生动。全诗是在写杏花，透过杏花，我们感受到了春的气息，仿佛看到春天的爽朗和欢乐。

元好问在《临江仙》词就有："一生心事杏花诗"之句，《赋瓶中杂花七首》中又自注云："予绝爱未开杏花。"元好问咏杏花专作，将近三十首。元好问咏杏花

篇什之多,雅爱之深,对杏花的风采神韵体察入微,大概亘古未有。"杏花墙外一枝横,半面宫妆出晓晴。看尽春风不回首,宝儿元自太憨生。"(《杏花杂诗》其一)诗人先把出墙杏花放在"晓晴"这一典型环境中渲染,继而以两个美女烘托,特有情趣。因为在阳光明媚的春日早晨,含露的杏花妩媚动人,恰如刚经沐浴,浓妆的宫妃,所以诗人连用两个宫妃的典故比喻烘托。《南史·梁元帝徐妃传》载:"妃以帝眇一目,每知帝将至,必为半面妆以俟。""半面宫妆"出于此。"宝儿"是隋炀帝杨广的妃子,以美人喻花,这是常见的手法,旨在喻花之美,能表现花的气韵风神的却很罕见。遗山用"半面宫妆""宝儿憨生"的典故,形神兼备,将杏花的风采神韵表现得栩栩如生。杏花没有矜持之态,没取宠之心,而是像一个情窦初开的少女,"看尽春风不回首",把爱情表达得那么真率直露、大胆无忌,对和煦的春风不仅敢目不转睛地看,而且竟至"看尽"意犹未尽,仍"不回首",于是诗人嘲讽她"宝儿元是太憨生"。"憨"指傻气,此处形容其娇痴的情态。这里诗人也用这种反说的表现手法,表现了诗人对杏花的满心倾爱之情。

再看他的《杏花杂诗》(其二):"袅袅纤条映酒船,绿娇红小不胜怜。长年自笑情缘在,犹要春风慰眼前。"这首诗歌大约写于诗人在汴京之时,抒发了诗人对美的追求之心以及与杏花的不解情缘。诗中的杏花,纤细轻盈的花枝,袅袅飘拂,映照着载酒的小船;美景当前,浅酌低吟;绿叶娇美,红花小巧,一花一叶都令人不胜爱怜,诗人对杏花的情有独钟,溢于言表。"不胜怜",

把杏花的娇美可爱，表现到了极致。三四句意蕴深远，是饱经忧患的诗人的心声。"情缘"，本指男女间的情爱之因缘。这里指诗人对杏花的偏爱。诗人经历许多世事，年纪老了，但对杏花的深情始终不减，这未免使他自觉好笑；但眼前的迟暮还要靠春风吹放的杏花来安慰。"犹要"二字，表达出了诗人心中苦痛。只有借杏花来"慰"，诗人饱经忧患的心才能稍有慰藉吧。一个"慰"字，揭示了诗人与杏花"情缘在"的原因所在。上联用了"酒船"二字，暗示他饮了不少的酒。这两句流露的心情又是这样的沉重，可见这十四个字并非一般的抒情之笔，而是蕴含着诗人一生辛酸。但尽管如此，生活的不幸并没有销蚀了诗人对美的渴慕与追求，他对杏花的情缘至老犹在，这正是诗人精神面貌的又一层面的展示。这两首咏杏花诗，一写得轻松活泼，一写得凝重痛切。同一种景物，融进两种不同情感。元好问诗中的"杏花"，就是诗人自己的写照。他在《临江仙》词中这样写道："醉眼纷纷桃李过，雄蜂雌蝶同时。一生心事杏花诗。小桥春寂寞，风雨鬓成丝。""一树杏花春寂寞，恶风吹折五更心。"

　　明人沈周的《杏花》诗："半抱春寒薄杂烟，一梢斜路曲墙边。东家小女贪妆裹，听买新花破晓眠。"把杏花和邻家小女一起写来，人借花美，花借人神，相得益彰，光彩照人。"不向东风，花红易逝"，红颜易老，人花相喻，言愁说恨，这在古代诗词中当是普遍现象，唐代诗人戴叔伦的《苏溪亭》，借暮春花草烟雨写美人别怨离恨之情，是反映这种题材的典范之作："苏溪亭

上草漫漫，谁倚东风十二阑？燕子不归春事晚，一汀烟雨杏花寒。"溪边亭畔，青草遍地，绿水悠悠，这般景致最容易唤起人们的离愁别恨。东风吹拂之中，美人斜倚阑干，凝眸沉思。燕子不归，春光将尽，美人悲从中来；游子不归，红颜将老，何处是归期呢？"一汀烟雨杏花寒"，迷蒙的烟雨笼罩着一片沙洲，料峭春风中的杏花也失去了丽日晴空下的艳丽容光，显得凄楚可怜。这不正婉转地隐喻苦苦等待、容颜衰老的薄命美人吗？凄风苦雨中的杏花，憔悴无光，烘托出美人迟暮的惆怅哀愁。

不向东风怨未开
——失意的象征

杏花绽放时固然令人欢喜，零落时也会让多愁善感的诗人伤怀。"燕子不归春事晚，一汀烟雨杏花寒"，那令人心寒的，又岂止是杏花呢？唐代"大历十才子"之一的钱起面对渐渐凋谢的杏花也做得一诗《暮春归故山草堂》："谷口春残黄鸟稀，辛夷花尽杏花飞。始怜幽竹山窗下，不改清阴待我归。"这些凋零的杏花，在诗人笔下都成了屈俗变节、易衰易谢、经不起考验的凡夫俗子了，与代表坚贞高洁的幽竹相比有着天壤之别。

李商隐的一生充满了浓郁的悲剧色彩，家中亲人的生离死别，爱情生活的不幸，这些生活的折射形成了他的诗作阴柔、凄艳的朦胧风格。李商隐《日日》："日日

春光斗日光,山城斜路杏花香。几时心绪浑无事,得及游丝百尺长。"这首小诗写的是烂漫春光所引起的一种难以名状的意绪。丽日当空,春光烂漫,却暗含着韶光易逝的轻微惆怅;山城斜路之旁,杏花盛开,在艳阳的映照下飘散着阵阵芳香。开得特别繁盛的杏花,虽最能体现春光的烂漫,但其微白之色,却很容易触动春日无名惆怅,诗人的心中包含着一种难以言状的缭乱不宁的百无聊赖的心绪。

《唐才子传》记载,"(高蟾)初累举不上,题诗省墙间曰:冰柱数条揩白日,天门几扇锁明时。阳春发处无根蒂,凭仗东风次第吹。怨而切。是年人论不公,又下第。《上马侍郎(应为高侍郎)》云,天上碧桃和露种,日边红杏倚云栽。芙蓉生在秋江上,不向东风怨未开。"高蟾的《下第后上永崇高侍郎》一诗具备一种孤高无奈的格调。前两句比喻别人考中进士并表达羡慕之意,委婉含蓄地表达了对借皇家权贵雨露之恩者的不满;后两句比喻自己的自信和进取态度,也有希望得到高侍郎援引赏识的意思。全诗运用比体,寄兴深微。"日边红杏"是比拟唐代科举登第者一登龙门,身价百倍,"倚云栽"则比喻他们恩宠有加,盛开的"红杏"意味着他们春风得意,前程似锦。作者虽用秋日芙蓉自比,因为其美在风神标格,与春风桃杏美在颜色妖艳不同,但高蟾内心的失落却宛然在目,落第的高蟾虽无胁肩谄笑的媚态,但一种思慕、期待、怅惘、失落萦绕于他的心间。

五代诗人温庭筠有一天宿于旅途驿馆,清晨乍醒,

恍惚迷离中思绪还停留在刚消逝的梦境中。孤灯荧荧，明灭不定，更透露出旅人迷惘的意绪，于是写下了《碧磵驿晓思》，借梦醒所见抒写思乡之情："香灯伴残梦，楚国在天涯。月落子规歇，满庭山杏花。"诗人大梦初醒，迷离恍惚，眼前孤灯荧荧，明灭不定；只觉楚国故里，远在天涯。他不禁悲从中来，怅然若失。走出客舍，徜徉庭院，只见晓色蒙眬之中，残月缓缓下沉，山杏开满庭院，原来长夜悲啼的子规这时也敛声静气，歇息下来。在清晨的清空静谧当中，诗人有一点思乡的寂寞和忧伤，也有一份满目春色、繁花似锦的喜悦和欣慰，陌生、孤独、惊喜、欣悦交融在一起，借"朦胧淡远"的杏花巧妙地传达出来。

纵被春风吹作雪
——孤傲的象征

古代诗人中，陶渊明爱菊，林逋爱梅，苏轼爱海棠，而王安石则对杏花情有独钟。他的《北陂杏花》就是其代表："一陂春水绕花身，花影妖娆各占春。纵被春风吹作雪，绝胜南陌碾成尘。"前两句主要抒写了诗人闲淡的情致，那么后两句便带有几分悲壮的色彩。杏花纵然被春风吹落，也要飘洒在清澈的春水上，仍保持洁白无瑕的精神和独绝的神韵，外示平淡，而内心实极痛楚。本篇虽咏临水杏花，却寄寓了诗人的情操和理想。后两句声情悲壮，格韵高超，是对凋零的杏花最好的礼赞。

而作者的另一首《杏花》诗,则将杏花作为孤傲的象征,显现出真正意义上的超俗脱尘:"石梁度空旷,茅屋临清炯。俯窥娇娆杏,未觉身胜影。嫣如景阳妃,含笑堕宫井。怊怅有微波,残妆坏难整。"全诗通篇写临水杏花,侧重花影,而不着一"水"和"花"字,使杏花的风姿更是空灵独绝,给人一种空灵玄妙的韵味和含蓄深邃的美感。

不改清阴待我归
——隐逸的象征

"屋上春鸠鸣,村边杏花白。持斧伐远扬,荷锄觇泉脉。"王维的《春中田园作》写鸟鸣花开,春意盎然,冬天难已见到的斑鸠,随着春天的来临,早早飞临村庄,在屋顶鸣叫,村中的杏花争先开放,雪白一片,整个村子掩映在白色的杏花中。纷乱的杏花让隐者王维顿起田园之乐,杏花开在村边,也开在隐者的心头。

在缭乱的杏花中,储光羲写暮春时节钓鱼湾的动人景象:"垂钓绿湾春,春深杏花乱。潭清疑水浅,荷动知鱼散。日暮待情人,维舟绿杨岸。"(《钓鱼湾》)储光羲也是一位失意的隐士,他在诗中写了隐居的情趣:绿荫蔽天,杏花飘地,清潭见底,荷动鱼散,渔翁之意不在鱼,单是这美好的景致就是最好的享受了。日暮罢钓系船,在绿杨芳草中等待好朋友来相见,那杏花的纷纷繁繁,就是诗人急切心情的衬托。这样无

忧无虑的生活，不就等于神仙了吗？实际上他们的生活也不会没有困扰和烦恼，然而作诗时要暂时抛开它，抓住某一美好的场景和情绪，尽情发挥和渲染，诗人满足了创作欲，也给读者带来美的享受。储光羲写风光宜人的钓鱼湾，写盛开的杏花，渲染的是清新淡雅的美学境界。这种美学境界与边塞诗派大漠雄风、浓墨重彩式的美学思潮不同，避开了战争的烽火，摆脱了朝堂的倾轧，远离尘世的喧嚣，没有市井的嘈杂，在杏花的摇曳中产生愉悦，净化心灵。

高骈的《访隐者不遇》："落花流水认天台，半醉闲吟独自来。惆怅仙翁何处去，满庭红杏碧桃开。"杏花又在隐逸者住处盛开，面对桃花的纷繁使人情思翻飞，让人顿时对飘逸的美学风神产生赞许之情，更加耐人寻味。

沾衣欲湿杏花雨
——迷灵的象征

宋僧志南的生活状态已不可考，在宋朝诗坛上名声也不大，但却以一首绝句，将自己的名字载入了宋代诗史："古木阴中系短篷，杖藜扶我过桥东。沾衣欲湿杏花雨，吹面不寒杨柳风。"细雨蒙蒙沾在身上似有若无的，是杏花盛开时的雨；轻飘飘拂面而过、略无寒意的，是杨柳枝下的风。"杏花雨"，清明前后杏花盛开时，春雨频仍，故名；韦庄有句曰："霏微红雨杏

花天。"(《广群芳谱·杏花》)作者漫步在这杏雨柳风交织的迷蒙春色中,心中洋溢着乘兴寻游的怡然之乐和醉春之情,整个世界仿佛都融化在斜风细雨的烟霭中了;其景其情,平平道来,似不着力,而情意自远,使人感觉到亲切、熟悉的春之气息。诗人虽为出世之人,但情感没有枯寂,境界也绝无寒俭的"蔬笋气"。

"杏花春雨",是宋代诗人常入诗的意象。如陆游的《临安春雨初霁》:"世味年来薄似纱,谁令骑马客京华?小楼一夜听春雨,深巷明朝卖杏花。"诗人只身住在小楼上,彻夜听着春雨的淅沥;次日清晨,深幽的小巷中传来了叫卖杏花的声音,告诉人们春已深了。绵绵的春雨,由诗人的听觉中写出;而明媚的春光,则在卖花声里透出。他虽然用了比较明快的字眼,却写得含蓄蕴藉,其意境是迷蒙空灵的。小楼深巷,则显出作者之"幽人"襟怀,一夜听春雨,则诗人之孤寂可知,但诗人并未消减忧世之心。明朝卖杏花,意颇新颖,卖花声传入深巷小楼,也可以看出诗人虽郁闷孤寂,看破世情,但并无出世之意,对现实生活实是极为关心、热爱的。

一汀烟雨杏花寒
——羁旅的象征

在农耕文明时代,诗人为了生活,或宦游在外,或辞家漂泊,足迹遍及各地,在旅途中对别离自然有极为丰富的体验,尤其是一些节日,"每逢佳节倍思

亲"。晚唐著名诗人杜牧是一位既悲叹自己生不逢时又立志报国、力挽晚唐颓靡之势的有识之士,他20多岁便出游各地,体察民情,寻访名胜,考察地要,在漂泊途中,写下了那首千古传诵、妇孺皆知的《清明》诗:"清明时节雨纷纷,路上行人欲断魂。借问酒家何处有?牧童遥指杏花村。"此诗写清明春雨中所见,色彩清淡,心境凄冷,历来广为传诵。在清明佳节,行路中间巧遇纷纷细雨。孤身赶路,触景伤怀,心境倍加凄迷纷乱。行人在哪里避雨歇脚,解解料峭的春寒呢?牧童的指引,让我们如同看到,隐约红杏梢头,分明挑出一个酒帘,不远不近,不即不离,含蓄隽永,兴味无穷。那在望的杏花,让行人感到欣慰,漂泊的愁绪顿时消失。杏花之景如此清新,杏花深处的村庄如此美丽。全诗运用由低而高、逐步上升、高潮顶点放在最后的手法,余韵邈然,耐人寻味。

吴融遭贬后离开长安,即"流浪荆南,依节度使成汭"之时,途中看见春天的各种生机与朝气,可这些反倒显衬得他越发孤苦,诗人偶见一枝杏花,牵惹出的情思是何等浓郁:"一枝红杏出墙头,墙外行人正独愁。长得看来犹有恨,可堪逢处更难留!林空色暝莺先到,春浅香寒蝶未游。更忆帝乡千万树,澹烟笼日暗神州。"(《途中见杏花》)此诗首联"红杏出墙头"与"行人正独愁"对比,点明作者的满怀愁绪;颔联为娇嫩欲滴的杏花赋予诗人郁闷不得志,漂泊异乡的忧思情怀;颈联中黄莺与蝴蝶形成对比,用黄莺比托,表达心志;尾联写诗人联想到往年在京城看到的迷人

景色。全诗以红杏引起的愁思为切入点，托物寄兴，抒发了诗人对京城的怀念。奔波于茫茫旅途中的吴融，各种忧思盘结胸间，那枝昭示着青春与生命的杏花映入眼帘，却在他心头留下异样的苦涩，这种意绪有花开易落、青春即逝的惆怅，又有自己行色匆匆、与杏花缘分短浅的无奈。而杏花独开，孤独寂寞，不就是诗人自己吗？诗人眼前逐渐浮出长安绚丽夺目的杏花。他被迫离开朝廷，到处漂泊，心仍萦系朝中。这种故国之思恰托以杏花，让读者感到诗人内心蓬勃的报国之志。

　　蜿蜒古道、绵延青草、日暮杏花最容易唤起人们的离愁别绪。戴叔伦的《苏溪亭》："苏溪亭上草漫漫，谁倚东风十二阑？燕子不归春事晚，一汀烟雨杏花寒。"诗写的景是暮春之景，情是怨别之情。迷蒙的烟雨笼罩一片沙洲，料峭春风中的杏花，失去了晴日下艳丽的容光，显得凄楚可怜。这诗中的杏花婉曲地表达了倚阑人无边的惆怅，不尽的哀怨。温庭筠宿于旅途驿馆，清晨乍醒，恍惚迷离中思绪还停留在刚消逝的梦境中，孤灯荧荧，明灭不定更透露出离人迷惘的意绪，诗人梦魂萦绕于远隔天涯的"楚国"，思乡之情昭然："香灯伴残梦，楚国在天涯。月落子规歇，满庭山杏花。"（《碧涧驿晓思》）诗人在子规的哀鸣中，看见满庭盛开的杏花，心中情意绾结，涌动着羁愁归思。碧涧驿山杏盛开，也让诗人联想到"楚国"，满目的春色繁花似锦，思念之情是如此浓郁。

春色满园关不住
——理思的象征

  随着时间的推移，由于儒释道思想的有机融合，审美情趣由唐代的绚烂归于平淡，诗歌追求理趣，以俗为雅，追求平淡之美，"作诗无古今，唯造平淡难。"（梅尧臣《读邵不疑学士诗卷杜挺之忽来因出示之且伏高》）。这种风格，不愿张扬情感，以才学议论入诗，其佳者讲求理趣，正如钱锺书所言："唐诗多以丰神情韵擅长，宋诗多以筋骨思理见胜。"（《谈艺录》）宋诗中的"杏花"意象正是这种审美追求的具体显现，其意象与唐代的区别也是明显的。唐诗中的"杏花"秾华繁采，情辞情韵，宋诗中的"杏花"，幽韵冷香，思理绵密。

  唐代吴融有"独照影时临水畔，最含情处出墙头"。宋代陆游有"杨柳不遮春色断，一枝红杏出墙头"，元好问也有"杏花墙外一枝横，半面宫装出晓晴。"但万口传诵的却是宋人叶绍翁的《游园不值》。其原因就在于叶诗设置了一个特意寻春的情景，写得蕴藉空灵，含蓄有致。春雨潇潇，屐齿印于苍苔，前去观赏早春之景，但"小扣柴扉久不开"，而"春色满园关不住，一枝红杏出墙来"，一个"关"字反衬了春意活跃，一个"出"字则表达了春色扑人的情景，让人感受到春天到来时杏花盛开的浓烈的生命活力，诗句蕴含着一种冲破压抑脱颖而出的意味，意境深远，韵味深长。诗中的"杏花"既含情又寓理，能够给人以哲理的启迪：一切美好的、

向上的事物,都具有顽强的生命力,难道是墙围得住的、门能关得住的吗?

这种理趣与蕴藉空灵还表现在宋祁的《玉楼春·春景》中:"东城渐觉风光好,縠皱波纹迎客棹。绿杨烟外晓寒轻,红杏枝头春意闹。浮生长恨欢娱少,肯爱千金轻一笑。为君持酒劝斜阳,且向花间留晚照。"诗人描绘出一幅生机勃勃、色彩鲜明的早春图:远处杨柳如烟,一片嫩绿,虽是清晨,寒气却很轻微。红杏盛开衬托春意之浓,着一"闹"字,将烂漫的大好春光描绘得活灵活现,呼之欲出。从词中流露出执着人生、惜时自贵、流连春光的理趣,词中情趣盎然,理趣盎然。

牧童遥指杏花村
——解忧的象征

晚唐诗人杜牧,一首脍炙人口的《清明》诗,吟出了清明时节那醉人的雨、花和酒,也吟出了一个闻名千古的杏花村。据史料记载古时杏花村,杏花遍野,村里酒垆如肆,尤以"黄公酒垆"著名。清《杏花村志》记载:"酒垆茅舍,坐落于红杏丛中,竹篱柴扉,迎湖而启,乌桕梢头,酒旗高挑,猎猎生风,令人未饮先醉。酒垆院里有一口黄公井,水似香泉,汲之不竭,用此水酿出的酒,为时人所争饮。"唐会昌年间,时任池州刺史的著名诗人杜牧春游杏花村,在黄公酒垆畅饮美酒后,触景生情,挥毫写下了千古绝唱《清明》诗。

曾在明代天启末年任池州太守、崇祯末年翟池太兵备道，两度出守池州的顾元镜赋五律《杏花村》云："牧童遥指处，杜老旧题诗，红杏添新色，黄垆忆旧时。远山层作画，好鸟解吹箎。偷得余闲在，官钱换酒卮。"山西蒲州张邦教，他在池州任职期间，留意山水，赏表杜樊川遗迹，因自号曰"惜花人"（《杏花村志》卷四），并在杏花村前立亭，撰联曰："胜地已无沽酒肆，荒村忽有惜花人。"他是明《嘉靖池州府志》记载的第一个建设贵池杏花村的山西人。上述史实证明，杜牧笔下的"牧童遥指处"，就是池州贵池杏花村！"白锡壶腰中出咀，黄铜锁腹内生须"，"半亩山林半亩地，一曲牛歌一卷文"，典故就出自这里。

清代人郎遂，贵池杏花村人，清代文学家诗人。少年由诸生入太学，以诗文名于时。他虽才华出众，但不乐仕途，清康熙间携儿辈读书杏花村，出于对乡土的热爱，他自康熙十三年（1674年）春月起稿，至康熙二十四年夏授梓成书，先后历经11年，编辑《杏花村志》十二卷传世。在我国志苑中，自古有通志、府志、县志、山志，而为村立志者可谓凤毛麟角。清代翰林院检讨尤侗《题杏花村志》诗曰："从来未有花村志，好事今推郎上元。我欲移家武陵住，也编仙史记桃源。"清代名士、贵池棠溪乡曹村人曹文慧为《杏花村志》赋诗曰："著出名书村愈名，依稀小杜是前生，斯人宁止一丘壑，还情如橡纪太平。"清代诗人朱之梅作《杏花村》诗曰："相传杜牧刺池州，村酒村花两共幽。"由此可见，杏花村自杜牧《清明》诗后，历代名士接踵而至，饮酒赏花，解忧忘俗。

一色杏花红十里
——科举的象征

"杏坛"一词最早出自庄子的寓言。《庄子·杂篇·渔父》:"孔子游乎缁帷之林,休坐乎杏坛之上,弟子读书,孔子弦歌鼓琴。奏曲未半,有渔父者,下船而来。……(孔子)乃下而求之,至于泽畔。"说孔子到处聚徒授业,每到一处就在杏林里讲学。休息的时候,就坐在杏坛之上。后来人们就根据庄子的这则寓言,把"杏坛"称作孔子讲学的地方,也泛指聚众讲学的场所。今天,我们到孔庙去,还看到宋代修建的杏坛遗迹。

唐朝的科举制度规定,每隔三年在京城长安举行一次选拔进士的会试。会试在春季二月进行,试完后要举办一系列的庆祝活动。唐中宗神龙年间开始,凡考中进士者,先在杏园宴会,再到雁塔题名,以后成为惯例。如赵嘏《喜张濆及第》诗曰:"春风贺喜无言语,排比花枝满杏园。"刘沧《及第后宴曲江》诗曰:"及第新春选胜游,杏园初宴曲江头。"孟郊的"春风得意马蹄疾,一日看尽长安花"诗句,写的就是参加"杏园探花宴"时的得意心情。所以,后人称杏花为"及第花",杏树为"及第树"。是以郑谷咏杏花云:"女郎折得殷勤看,道是春风及第花。"

苏东坡的《送蜀人张师厚赴殿试》:"云龙山下试春衣,放鹤亭前送落晖。一色杏花三十里,新郎君去马如飞。"诗中"新郎君"用薛逢事,据《唐摭言》:"薛监(逢

晚年厄于宦途，尝策赢赴朝，值新进士榜下，缀行而出。时进士团所由辈数十人，见逢行李萧条，前导曰：'回避新郎君。'逢辄然，即遣一介语之曰：'报道莫贫相！阿婆三五少年时，也曾东涂西抹来。'"到了清代，有一种铜质挂牌，正面文字是"一色杏花红十里，状元归去马如飞"，题曰"古句"，背面图案是魁星点斗。也有别版作"香十里"的。还有一种年代略早的圆孔花钱，将这两句诗分置两面配图："一色杏花红十里"的一面，一妇人俯身朝向似在嬉戏的幼童；"状元归去马如飞"的一面，一人扬鞭纵马，四位从者各执旗仗等物，大有一日看尽长安花的风光。这类钱、牌，无疑是励志的吉祥物。

　　明代沈周有一幅《杏花图轴》，现藏北京故宫博物院，是祝贺刘布考中进士而作。画上瘦杏一株，花开烂漫，虽是折枝简笔，却多添了颜色。树干以赭色填充，花片则淡粉轻红，温润又悦目，几乎可以想象他挥毫时愉快的心情。题跋为："布甥简静好学，为完庵先生曾孙，人以科甲期之，壬戌科，果登第。尝有桂枝贺其秋闱，兹复写杏一本以寄，俾知完庵遗泽所致也。"诗云："与尔近居亲亦近，今年喜尔掇科名。杏花旧是完庵种，又见春风属后生。"沈周看到刘布考中进士，画杏花表示祝贺。可见除了"蟾宫折桂"之外，杏花也有祝贺金榜题名之意。

　　杏花，自古以来就是春天的象征，"落梅香断无消息，一树春风属杏花"。杏花以其独特的美，征服了历代无数诗人骚客为它折腰，为它吟唱，今天，我们漫步在杏花树下时，吟咏几句前人诗句，自己也会逸性遄飞，情随花开。

凭君莫厌临风看，占断春光是此花
——桃花诗话

"桃，西方之木也，乃五木之精，枝干扶疏，处处有之，叶狭而长，二月开花，有红、白、粉红、深粉红之殊，他如单瓣大红、千瓣桃红之变也，单瓣白桃、千瓣白桃之变也，烂漫芳菲，其色甚媚，花早易植，木少则花盛，种类颇多。"（《御制佩文斋广群芳谱》）

桃树是我国传统的园林花木，为早春重要观花树种之一。落叶乔木，树干表面光滑，呈红褐色，颜色艳丽，树态优美，枝干扶疏，树形并不高大，也不挺拔，一般只有6米至10米，却婀娜地伸出枝叶。早春方至，桃树枝上便发出新芽，在春寒料峭中含苞待放。清明前后便是桃花怒放之时，它的美在于简约而不失华丽，丰腴中更显清秀。花的颜色清淡不失浓郁，主要有白色、淡粉色、粉红色等几种，五个花瓣，形如梅花一般。宋诗人石延年《红梅》咏梅花诗句"认桃无绿叶，辨杏有青枝"，就写出梅花和桃花花形相似的特点。

桃在我国分布广泛，利用较早，实用价值较高，与人们的关系异常密切，如《礼记·月令》云"仲春之月，始雨水，桃始华"，记载了桃的物候期;《易纬·通卦验》

载"惊蛰曰大壮,初九,桃不花,仓库多火"。《十洲记》记载说:"东海有山名度索山,有大桃树,屈盘三千里,名曰蟠桃。"《诗经·魏风·园有桃》曰:"园有桃,其实之肴。"可见,在《诗经》时代,桃已经是人工栽培的树木了。《墨子》卷五记载,"今有一人,入人园圃,窃其桃李",这段话说明了在春秋战国时期,园中栽培种植桃树已经是很普遍的事情。《诗经·大雅·抑》篇云:"投我以桃,报之以李。"桃子成为人们交往的礼物。在《周南·桃夭》篇中,有"桃之夭夭,灼灼其华"的描写,可见当时人们对桃花有了初步审美认识,清代的方玉润在《诗经原始》中说:"艳绝,开千古词赋咏香奁之祖。"由于桃花开放于万物复苏的阳春三月,花色粉红,花姿娇媚,在刚刚走出肃杀单调的冬景的环境中尤其醒目。桃花就成了春天和健康、青春、美丽女子的象征,这奠定了中国文学传统中桃花与女性关系的基础。随着时代和审美认识的发展,桃花又获得了更为丰富的文学意蕴和文化内涵。古人对桃花的敏锐的观察和描写为后代桃花题材和桃花意象作品的创作开先河,成为桃花歌咏的滥觞。

魏晋南北朝是诗人的觉醒时代,也是桃花诗歌创作审美的自觉时代,此时,咏桃诗歌中桃花的女性意味浓厚,提供了以女性比喻桃花的创作思路。如沈约《咏桃诗》云:"风来吹叶动,风动畏花伤。红英已照灼,况复含日光。歌童暗理曲,游女夜缝裳。讵诚当春泪,能断思人肠。"诗人突破了注重物色描摹的套版效应,以清怨的风格赋予桃花鲜明的情感寄托,对后世文学的桃

花描写产生了深刻影响。爱花、惜花、睹落花而思纷，因景牵情，有着浓郁的抒情色彩，成功表现了诗人敏感、细腻的情怀，风格"清怨"而深沉。沈约之作不再着笔于对桃花物色的刻板描摹，而是将桃花的物色与人的情感联系起来，由眼前盛开的桃花的美丽想到风吹花落的感伤，这是桃花描写由重物色描摹到重情感寄托的转变，是桃花审美认识历史上的重要环节，也是前代或同时代作品中没有的。这种描写和表达范式被唐、宋文人继承下来。

唐宋时期，经济繁荣，农业生产力提高，花卉栽培技术随之提高，种花和赏花之风逐渐普及，人们对花卉欣赏的热情更胜以前。桃花意象以题材的多样、审美认识的细致深入、艺术表现的成熟等方面的成就，打破了之前的单调和狭隘，挖掘出桃花的多种美感和情感寓意，确立了桃花在中国文学中的重要地位，是桃花审美历程中光辉灿烂的一页。《全唐诗》中的咏花诗、咏桃诗数量最多，比唐代尊崇的牡丹诗还多，可见唐代文人对桃花的关注和喜爱。北宋时期，洛阳经济繁荣，人们观赏桃花之热情甚为浓厚。宋代邵伯温《邵氏闻见录》卷十七载："洛中风俗尚名教，虽公卿家不敢事形势，人随贫富自乐，于货利不急也。岁正月梅巳花，二月桃李杂花盛开，三月牡丹开。于花盛处作园圃，四方伎艺举集，都人士女载酒争出，择园亭胜地，上下池台间引满歌呼，不复问其主人。抵暮游花市，以筠笼卖花，虽贫者亦戴花饮酒相乐……"欧阳修有首诗写道"看花游女不知丑，古妆野态争花

红"，描绘的正是花开时节，少女们游乐的情趣。而南宋时期的都城杭州的桃花植赏也毫不逊色，《都城纪胜》"园苑"条记曰："城南嘉会门外，则有玉津御园，又有就包山作园，以植桃花，都人春时最为胜赏，惟内贵张侯壮观园为最。"宋代的吴自牧《梦粱录》卷十九"园囿"亦曰："嘉会门外有山，名包家山……山上有关，名'桃花关'，旧扁（匾）'蒸霞'。两带皆植桃花，都人春时，游者无数，为城南之胜境也。""桃花关"的命名也许更让我们看到了南宋包家山桃花开时，游人如织的盛况。

元代文人人生失衡，生活窘迫，甚至缺乏可以遁世归隐的山林田园，不得不栖身于农舍、田间，浪迹于长街、陋巷，掩埋于书会、勾栏，流连于行院、妓馆、舞榭，元代文学中的桃源意象表现出鲜明的隐逸追求，这在元曲中体现得较为普遍。

明、清桃花题材的诗词除了体裁的变化外，内涵上大抵未出前代的窠臼。总之，中国古代文学中桃花意象在不同时期、不同文人作品中呈现出不同的诠释和理解，这与作者所处的时代、自身的经历等因素有关，也正是因为这些不同的理解和解释，最终形成了中国古代文学中意蕴丰厚、魅力无穷的桃花艺术世界。

桃花早春时节含苞待放，阳春三月，花叶同展，姿色娇媚，远远望去，如霞似锦，烂漫壮观。历代诗人展开了对不同形态、不同环境中桃花的细致观赏和深入把握，创作了丰富多样的以桃花为题材的诗词。

桃花一簇开无主，可爱深红爱浅红
——咏桃花的花色美

宋陆佃《埤雅卷十三·释木》："俗云梅华优于香，桃花优于色。"自《诗经》篇章"桃之夭夭，灼灼其华"的绘形绘色之后，历代文人无不乐于设色敷彩，用心于描写桃花之红，于是，"红"或"粉红"成为中国古代文学中的桃花题咏之作中的桃花"本色"。南朝梁简文帝《咏初桃诗》中"初桃丽新采，照地吐其芳"一句，写出了桃花初发时的粉嫩鲜丽。庾信《奉和赵王途中五韵诗》有"村桃拂红粉，岸柳被青丝"的描写，篱落乡间的桃花也俨然一位红粉佳人。杜甫《江畔独步寻花·其五》写道："桃花一簇开无主，可爱深红爱浅红？"深红、浅红的桃花都那么美丽，简直令诗人目不暇接了。韩愈《闻梨花发赠刘师命》中有"桃蹊惆怅不能过，红艳纷纷落地多"，落红满地，令人感伤然而不乏美丽。元稹《桃花》以"桃花浅深处，似匀深浅妆"写出了桃花或深或浅的红色如美人之淡浓相宜的妆容。而吴融《桃花》更写道："满树和娇烂漫红，万枝丹彩灼春融。"满树的桃花好像天公以巨笔特意描绘出来的，烂漫得似乎融进了人间所有的春光。杨万里《寒食雨中，同舍约游天竺，得十六绝句呈陆务观·其五》写道："小溪曲曲乱山中，嫩水溅溅一线通。两岸桃花总无力，斜红相倚卧春风。"赵孟𫖯《题山堂》写道："推窗绿树排檐入，临水红桃对镜开。"这些诗句，无不用不同的"红

笔"描绘出桃花艳丽的花色。与平地或平原的桃花之红相比，山间的桃花或者野生桃花则显出一份野性的、夸张的"红色"，如唐代庄南杰《阳春曲》"沙鸥白羽翦晴碧，野桃红艳烧春空"，野桃广布，红艳欲烧，渲染出野生桃花惊人的红色和旺盛生命力。唐代陆希声《桃花谷》"君阳山下足春风，满谷仙桃照水红"，满谷的红色简直染透了整条河水，写出了山桃在春风里独自绽放，焕发出不可遏止的生机。而韩愈"种桃处处惟开花，川原近远蒸红霞"（《桃源图》）则成为对野桃的热烈红色描写的名句。

开齐全未落，繁极欲相重
——歌咏桃花花形美

桃花五个花瓣，形如梅花一般，由花柄、花托、花萼、花冠、花蕊等组成。根据花瓣大小，桃花可以分为蔷薇型、铃型，花瓣形状有圆形、卵圆形、椭圆形、长圆形。花瓣又分为单瓣五瓣，近似圆形的五瓣是比较规整的构形，与梅花相近，但梅花花瓣为正圆形和复瓣重瓣。

诗人们对桃花形态的描写，或是通过整体把握，或是通过局部描写来刻画桃花优美的外形，而局部描写时又多是着笔于花瓣，栩栩如生地展现了桃花姿态各异的美感：娇柔、纤秀、玲珑。宋代汪藻《春日》"桃花嫣然出篱笑，似开未开最有情"，这"似开未开"的桃花酝酿着饱满的生机，可以带给踏青寻芳的人们以惊喜和

· 47 ·

神秘的期待，因而早在南朝，大诗人谢灵运就有了"山桃发红萼"的诗句，"萼"即花瓣下部的一圈小叶片。由此，初发的红萼、绮萼就成为后人描写桃花的一个视角，朱熹《春日言怀》"春至草木变，郊园犹掩扉。兹晨与心会，览物遍芳菲。桃萼破浅红，时禽悦朝晖"，陆游《初春纪事》"经冬少雨雪，所至苦水涸。园蔬叶多蠹，山步船半阁。入春一再雨，喜气满墟落。又闻湖边路，已破小桃萼。一尊傥可携，父子自酬酢"等，都描写了"桃花"初发带给人们的无限惊喜。

  盛开的桃花最能"物色摇情"，是历代文人泼墨挥毫、发诸吟咏的对象，佳句、佳篇不可胜数。《诗经·周南·桃夭》中的"灼灼其华"，虽然目的不是描写桃花，但确实是抓住了盛开桃花的特色。杜甫《春日江村》"种竹交加翠，栽桃烂熳红"，翠竹映衬下的桃花更显妩媚。薛能《桃花》"开齐全未落，繁极欲相重"，则以夸张的手法写出了桃花花朵浓密、繁盛，几乎使树枝不堪其重的情态。温庭筠《照影曲》"桃花百媚如欲语，曾为无双今两身"，形象地写出了桃花盛开时如娇媚的女子含情而语。蔡襄《过杨乐道宅西桃花盛开》："城隈绕舍似山家，舍下新桃已放花。无限幽香风正好，不胜狂艳日初斜。自怜马上空愁望，谁向樽前与醉夸。京国难逢春气味，莫随尘事度年华。"沐浴在春风中狂艳的桃花，使诗人似乎闻到了淡淡的馨香，桃花本不以香胜，而此处言其"幽香"，表明花盛之况。

  与初开、盛开的桃花相比，飘零的桃花别具一份美感。李贺《将进酒》"况是青春日将暮，桃花乱落如红

雨",感伤然而浪漫,短暂而热烈地盛开却又急遽飘落的桃花与人生美好青春的流逝是多么相似,"红雨"的比喻也成为桃花飘落的经典表述。杜甫《绝句漫兴九首·其五》"颠狂柳絮随风舞,轻薄桃花逐水流",抛开后人对它的各种情感化的解释,"轻薄桃花逐水流"的诗句写出了春水桃花的清丽之美。张志和在《渔父歌》中甚至把"桃花流水鳜鱼肥"的诱惑呈现给我们,宋代吴曾《能改斋漫录》卷十六称之为"水光山色,渔父家风",这里,飘零的桃花别具一份悠闲之美。明代丘陵有诗云:"芳郊晴日草萋萋,千树桃花一鸟啼。无数落红随水去,又分春色入城西。"该诗可以为杜甫诗句"颠狂柳絮随风舞,轻薄桃花逐水流"的注脚,那随着一溪春水漂去的桃花,谁能说不是给在水一方的人们送去的一分春色呢。以美女之醉态写桃花之娇美是文学作品中常见手法,大概是酒可以助娇态之故吧。如宋代王庭圭《绯桃》"衣裁缃缬态纤秾,犹在瑶池午醉中。嫌近清明时节冷,趁渠新火一番红。"盛开的桃花美态如瑶池仙女的醉颜,愈显其纤秾的美感。晁端礼《水龙吟》中亦有"好是佳人半醉"的词句描写小桃的秀美如醉之态。宋代刘子寰《阮郎归》更是以较为细腻的笔触,描写了桃花之美:"长条袅袅串红绡,无风时自摇。十分妖艳更苗条,殢春情态娇。"缀满枝条的桃花无风自摇,更添一分柔美与韵致。

　　对桃花姿态形象的描写最为详尽的要数唐代薛能《桃花》:

　　　　香色自天种,千年岂易逢。
　　　　开齐全未落,繁极欲相重。

冷湿朝如淡，晴干午更浓。
风光新社燕，时节旧春农。
篱落欹临竹，亭台盛间松。
乱缘堪羡蚁，深入不如蜂。
有影宜暄煦，无言自冶容。
洞连非俗世，溪静接仙踪。
子熟河应变，根盘土已封。
西王潜爱惜，东朔盗过从。
醉席眠英好，题诗恋景慵。
芳菲聊一望，何必在临邛。

这样的表现深得林逋的称颂，他在《桃花》诗中这样推举："柳坠梅飘半月初，小园孤榭更庭除。任应雨杏情无别，最与烟篁分不疏。比并合饶皮博士，形相偏属薛尚书。薄红深茜尖尖叶，亦有愁肠未负渠。"桃花繁密娇美、仪态妖娆的姿容令人如此倾情。

海山千里春茫茫，东风是处桃花香
——咏颂桃花花香

花卉之供人欣赏，通常是以其花色、花姿、花香供人欣赏。然而在自然界存在这样一个现象，即"花之色美、姿妍者，每不香；花之香者，则其色常不美，而姿亦每不妍"。桃花色美姿妍，其中，花色之美是桃花美感的主要因素。然而，古代文学作品中不乏对桃

花之香的形容与描绘。与桃花之色与姿倾向于视觉感受不同，桃花之香则属于嗅觉和心理感受，因而，更具一份清纯细腻的美感。

早在南朝，梁简文帝《初桃》即有"枝间留紫燕，叶里发轻香"的描写。南朝文人体物细致，描写详尽，桃花之清香是他们静观默想时之心得体悟。在长期的文学流变与发展中，"桃花香"已成为一种桃花美感的代名词。桃花之香气较淡，且需借助于空气的流动才能散发，只有用心细致地感受方可获得，如明代朱希晦《月夜放歌》言："碧桃花香夜初静，露滴衣裳怯清冷。"碧桃之花香是在夜阑人静时脉脉袭来。赵完璧《春夜》亦言："深院秋千儿女情，桃花香暖月华清。"因而，古代文学作品对桃花之香的描写，或者与"水"和"风"等流动性意象结合，或者以夜深人静的环境描写传递缥缈幽微的情韵，增加诗文的美感。北朝庾信《忝在司水看治渭桥诗》"春洲鹦鹉色，流水桃花香"，水中沙洲之上春花碧草，远看像是鹦鹉羽毛之色；桃花飘落，随水流淌，到处溢满香气。表达了一种浓浓的春意，同时也让人体会到桃花之美。唐代陈陶《怀仙吟·其二》"云溪古流水，春晚桃花香"，宋代陈襄《寄远》"步障影迷金谷路，桃花香隔武陵溪"，郭祥正《留题九江刘秀才西亭》"倏然一径二三里，流水散漫桃花香"，那缓缓的小溪，似乎更契合隐隐约约的花香，潺潺的流水传递着淡淡的芬芳。明代的卢沄《春日睡起次嘉则》"深巷无人静掩扉，桃花香暖午风微"，明代顾清《为南村题蟠桃图寿喻守》"海山千

里春茫茫，东风是处桃花香"，若有若无的花香趁着轻柔的春风，弥漫开去，渲染着宁静、祥和的春意。"若夫空谷幽兰，则其香特能远闻，要不外对蜂蝶之刺激与引诱，可以招致其纷纷而来。同时，对此一类昆虫之微小生命，花之姿香与色者，能有其一，则足尽其刺激与诱惑之能事，固不必同时具备。"与梅花以及空谷中的幽兰以香取胜的生物特性不同，桃花是在春天阳光充分照射之下的花卉，极为鲜艳，张潮《幽梦影》言"凡花色之娇媚者，多不甚香"。然而，桃花仅仅凭借着其醒目的花色，就足以"领袖群芳"，而姿态的优美就更增添了其缀乱云霞、占断春光的魅力，这早已融进了人们的心里，成为桃花审美的独特的视角。

春风过柳绿如缲，晴日烝红出小桃
——赞美桃花的景致美

清代汪颢《广群芳谱》五十四卷曰："如红桃、缃桃、白桃、乌桃，皆以色名。五月早桃、秋桃、霜桃，皆以时名。臙脂桃、络丝桃，皆以形名。王敬美有言桃种最多，金桃、蜜桃、灰桃之类，多植园中取果。"《客燕杂记》记载："京师中佳果有红桃、白银桃、小桃、蟠桃、合桃、酒红桃、霜下桃、肃宁八月桃。"种类繁多、色彩妩媚的桃花，其在初开、盛开、凋落之时，晴天、雨天、风中、露中、平原、山区、山谷、山脚、水边、池边、庭园、庭院、馆舍、道观等地方和环境，

单株、林植等均可以创造出不同的景观。《直省志书》记载:"绛州物产桃,花有千叶,碧桃数种,春来汾水夹岸数十里红如绮锦,较之西湖苏堤不费人力,信佳景也。"桃花灿烂若锦,阴晴雨雪,落霞烟雾,都可显现娇艳芬芳的倩影。

  桃花性喜阳光,物候期内温度越高,开放越快,也更为繁盛。晴日艳阳之桃花尽情绽放,展示着令人目眩的色彩。李白《古风》"桃花开东园,含笑夸白日",写出了阳光下灿然开放的桃花的骄人情态。同样是春阳之下的桃花,夕阳中桃花却具有与"白日"桃花不同的情态美,宋代白珽《湖居杂兴八首·其六》有"桃花含笑夕阳中"的句子,与李白诗中的带有骄纵意味的桃花相比,"夕阳"中的桃花则显得温和而柔静。周朴《桃花》"桃花春色暖先开,明媚谁人不看来",王安石《春风》"春风过柳绿如缲,晴日烝红出小桃",写出了丽日淑景下桃花的艳冶之容,这也是桃花春日里最动人的形象,没有人能拒绝其明媚姿容的诱惑。而唐代崔护《题都城南庄》中的"人面不知何处去,桃花依旧笑春风"的描写可以说是最具魅力的了,那一树盛开如笑的桃花让人浮想联翩。

  桃花花瓣薄而嫩,沐浴雨露的桃花更加润泽、剔透而另具一番佳致,与晴空丽日下桃花的张扬与热烈相比,雨中桃花姿态颇具一种阴柔之美。唐代李峤《桃》"山风凝笑脸,朝露泫啼妆",以"啼妆"写出了雨露中桃花的如美女啼妆的形态美。李白《访戴天山道士不遇》"犬吠水声中,桃花带雨浓",微雨轻洒,

千株含露，媚人的桃花更添了一分莹润粉嫩之美。韦庄《庭前桃》"带露似垂湘女泪"，雨露桃花如美丽的湘妃晶莹的泪滴，让人想象其姿态之美。而李商隐《赋得桃李无言》"得意摇风态，含情泣露痕"，与之有异曲同工之妙。杜甫《风雨看舟前落花，戏为新句》"江上人家桃树枝，春寒细雨出疏篱。影遭碧水潜勾引，风妒红花却倒吹。吹花困癫傍舟楫，水光风力俱相怯。赤憎轻薄遮入怀，珍重分明不来接。湿久飞迟半日高，萦沙惹草细于毛。蜜蜂蝴蝶生情性，偷眼蜻蜓避百劳。"杨万里《寒食雨中，同舍约游天竺，得十六绝句呈陆务观·其五》亦云："小溪曲曲乱山中，嫩水溅溅一线通，两岸桃花总无力，斜红相倚卧春风。"陈与义《窦园醉中前后五绝句·其五》则曰："自唱新诗与明月，碧桃开尽曲声中。"雨洗桃花，幻化出千尺晴霞，足以令诗人对月歌吟了。晁端礼《水龙吟》："岭梅香雪飘零尽，繁杏枝头犹未。小桃一种，妖娆偏占，春工用意。微喷丹砂，半含朝露，粉墙低倚。似谁家卯女，娇痴怨别，空凝睇、东风里。"朝露助添了桃花的柔美，含露的妖娆小桃，低低地倚靠粉墙下，好像娇嗔的女子，含情脉脉。明代岳岱《桃花图》"尚忆春来三日醉，晓烟疏雨卧山家"，桃花先叶而茂，簇簇团团的桃花与春雨如诗如画的体贴，使桃花尽显其生命的另一种美感含蓄、温柔。薛能《桃花》诗中的"冷湿朝如淡，晴干午更浓"是对桃花在不同气候条件下的淡若浅粉、浓若靓妆的不同美感的较好概括。

诗人们从不同的角度审视桃花，桃花诗词呈现出

十分丰富的文化内涵,"桃花"也成为中华民族集体记忆和内心深层的积淀物,形成了中国独具特色的"桃花文化"。

桃花春色暖先开,明媚谁人不看来
——春的气息

春天是百花齐放、争奇斗艳的季节。人们一提到春天,自然会想起浓艳的桃花。因为桃花在早春开放,芳华鲜美,往往成为春天来到的象征。如果说,梅花是报春的使者,那么,桃花应是宣告春天到来的代言人。尤其是一种称为小桃的桃花开得更早。陆游《老学庵笔记》卷四云:"小桃上元前后即著花。"小桃花开让人真切地感受到春天的气息。南宋词人赵鼎词云:"客路哪知岁序移,忽惊春到小桃枝。"(《鹧鸪天·建康上元作》)与他同时代的李持正说得更直接:"小桃枝上春风早,初试薄罗衣。"(《人月圆·小桃枝上春风早》)可以换去棉衣,试穿薄衫,想见天气确已泛暖。宋代苏轼说"竹外桃花三两枝,春江水暖鸭先知。"(《惠崇春江晚景》)桃花既在竹林外,可知竹多桃花少。竹子一片,桃花疏疏落落三两枝,横出竹林外,临水而开。苍翠竹幕上点缀着数枝粉红桃花,分外艳丽。虽然仅有三两枝桃花,却与鸭子戏水一样向人们预示了春天的到来。还有唐代周朴的"桃花春色暖先开,明媚谁人不看来"(《桃花》),唐代吴融的"满树和娇烂漫红,万枝丹彩灼春融"(《桃

花》),宋代白敏中的"千朵秾芳倚树斜,一枝枝缀乱云霞。凭君莫厌临风看,占断春光是此花"(《桃花》),都生动形象地写出了桃花花影摇红,灿若云霞,春意浓浓,装点出盎然生机的美好景色。

  桃红柳绿,一直是明媚春光的典型写照,而春水也常常被形容为桃花水、桃花汛、桃花浪。与此同时,桃花的凋零也往往和春天的逝去联系在一起。因此,怜花惜春也是古代桃花诗的一个重要内容。如南朝沈约的"风来吹叶动,风动畏花伤。红英已照灼,况复含日光,歌童暗理曲,游女夜缝裳。讵诚当春泪,能断思人肠"(《咏桃诗》),抒发了诗人因伤春而断肠的思绪。清代袁枚的"二月春归风雨天,碧桃花下感流年。残红尚有三千树,不及初开一朵鲜"(《题桃花》),将桃花凋零后满目的狼藉景象与初放第一朵时的鲜艳明丽做对比,表达出他怜花惜春的思想感情。桃红衰退之景,不免勾人伤怀,然而,白居易:"人间四月芳菲尽,山寺桃花始盛开。长恨春归无觅处,不知转入此中来。"(《大林寺桃花》)描绘出另一种景象。初夏四月作者来到大林寺,此时山下芳菲已尽,而不期在山寺中遇上了一片刚刚盛开的桃花。诗中写出了作者触目所见的感受,突出地展示了发现的惊讶与意外的欣喜。全诗把春光描写得生动具体,天真可爱,活灵活现;立意新颖,构思巧妙,趣味横生,是唐人绝句中一首珍品。

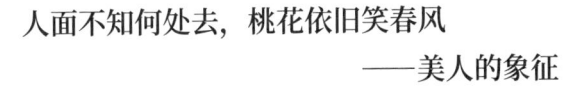

人面不知何处去，桃花依旧笑春风
——美人的象征

桃花花色艳丽，花朵大而多，展示的是娇艳、柔媚的形象。这种自然特质很容易让人们联想到富有生机和活力的青春女子。人们常用柳条来比女子婀娜多姿的身段，而桃花着眼的则是女子靓丽的容颜，怒放的花朵与迷人的笑靥之间确实有着非常贴切的可比性。所以，桃花固然可以指代许多美好的物象，但自古以来，它常用来比喻美貌女子。桃花就像影子一样伴随着粉红佳人。以桃花比拟美人，或将美人比作桃花，在古代桃花诗中屡见不鲜。《诗经》中"桃之夭夭，灼灼其华"，唱出了以桃喻人之先声。南朝徐悱和妻子刘令娴都出生于诗礼之家，两人婚后的生活是很幸福的。后来，徐悱因足疾而改迁晋安内史（郡治所在侯官，在今福州市），刘令娴仍留在京城。他们身居两地，彼此都在体会着离别的相思之苦。一天房前桃花怒放，徐悱写成《对房前桃树咏佳期赠内》一诗："相思上北阁，徙倚望东家。忽有当轩树，兼含映日花。方鲜类红粉，比素若铅华。更使增心意，弥令想狭邪。无如一路阻，脉脉似云霞。严城不可越，言折代疏麻。"由眼前鲜艳的红白花瓣的桃花，联想到妻子脸上的胭脂和香粉，表达出对远方妻子强烈的思念之情。唐代崔护的"去年今日此门中，人面桃花相映红。人面不知何处去，桃花依旧笑春风"（《题都城南庄》），借绯红的桃花衬托少女的羞容。先以"桃

之夭夭，灼灼其华"来比喻城南女子，言其艳若桃花，光彩照人，可见诗人目注神驰、意乱情迷之态和女子温婉可人、脉脉含情之姿。而唐代韦庄的"带露似垂湘女泪，无言如伴息妫愁"（《庭前桃》）则用湘女之泪、息妫无言描摹桃花的姿态。清代曹雪芹的："胭脂鲜艳何相类，花之颜色人之泪。若将人泪比桃花，泪自长流花自媚。泪眼观花泪易干，泪干春尽花憔悴"（《桃花行》）以花拟人，以人比花。诗人以人泪长流比花自妩媚，泪易干比花易衰，憔悴人比憔悴花，回环反复、珠联璧合，将花与人交织在一起，刻画出一个孤独无援、多愁善感的柔弱少女形象，而桃花成了林黛玉纯洁美丽而红颜薄命的象征性写照。

寻得桃源好避秦，桃红又是一年春
——隐逸情怀的象征

"穷则独善其身，达则兼济天下"（《孟子·尽心上》）是封建士大夫的生活理想。桃源即桃花源，是东晋陶渊明在《桃花源记》中构建的世外仙境，是一个与现实对立的理想世界，那里与世隔绝，民风淳朴，人们安居乐业，无忧无虑，千百年来一直令骚人墨客心驰神往。因此，桃花往往和桃源联系在一起，成为文人雅士避世隐居的理想处所。宋代的陆游曾经胸怀报国大志，然壮志未酬，两鬓先斑，到了晚年，对陶渊明笔下的桃花源很是向往。他的"桃源只在镜湖中，

影落清波十里红"(《泛舟观桃花》)和"千载桃源信不通,镜湖西坞擅春风。舟行十里画屏上,身在西山红雨中。俗事挽人常故故,夕阳归棹莫匆匆。豪华无复当年乐,烂醉狂歌亦足雄"(《连日至梅仙坞及花泾观桃花,抵暮乃归》)都是他晚年归隐后生活和心情的生动写照。宋末元初的谢枋得在"寻得桃源好避秦,桃红又是一年春,花飞莫遣随流水,怕有渔郎来问津"(《庆全庵桃花》)中,把自己隐居地庆全庵比作桃源,将自己比作桃花源中的"避秦"之人,像桃花源中一样不记时日,看到桃花开放才知道又是一年的春天来到。诗人看到落英缤纷,落花流水,就担心会有"渔郎"问津,害怕暴露自己隐居的"桃源"所在,表现了作者隐居的坚定态度。

李白的《山中问答》抒发诗人高蹈世外,醉心山林的隐逸情怀。"问余何意栖碧山,笑而不答心自闲。桃花流水窅然去,别有天地非人间。""问"而"不答","笑"含悬念,"闲"显心性,尽见诗人远离尘俗,自由自在的浪漫情怀。桃花流水、窅然远逝的景色,渲染一种天然宁静、淡泊幽深的氛围。桃花流水,自自然然,清明亮丽,不汲汲于荣,不寂寂于逝,令人联想到宠辱不惊、淡泊处世的隐士风采。末句对比议论,满蓄真情。山中一溪桃花,一脉流水,一山青翠,一心清闲,别有天地而自得其乐。这份目无杂色、耳无杂音、心无杂念的舒适惬意,哪里是滚滚红尘、碌碌人间所能相比的呢?全诗借"桃花流水"展示诗人潇洒出尘之心和归隐山林之志。李白的另一首诗《访戴

天山道士不遇》则讴歌朋友放浪山林，去留无踪的隐逸风采。"犬吠水声中，桃花带露浓。树深时见鹿，溪午不闻钟。野竹分青霭，飞泉挂碧峰。无人知所去，愁倚两三松。"友人生活在一个山清水秀、林茂竹修的地方，可以目接飞泉，耳闻钟声；可以与麋鹿为伴，与青松为友；可以浪迹山林，心游道院。后面六句环境兼活动的描写凸显友人淡泊高洁的志趣和逍遥自在的风采。一、二两句展现诗人缘溪而行，穿山进林的景象。泉水淙淙，犬吠隐隐；桃花带露，浓艳耀目。好一派宜人景致，令人联想到友人居住此中，如世外桃源，似人间天堂，超尘拔俗而自由自在。桃花，为环境添色，为人格增辉。张旭的《桃花溪》表达诗人心仪虚无缥缈，神往世外桃源的审美情趣。"隐隐飞桥隔野烟，石矶西畔问渔船。桃花尽日随流水，洞在清溪何处边？"起笔画远景，引人入胜：深山野谷，云烟缭绕；山溪之上，长桥横跨，忽隐忽现，似有似无，似飘浮而动，如临空而飞。意境幽深神秘，朦朦胧胧。发问绘近景，涉"目"成趣：水中岩石，如岛如矶；清溪之上，桃花漂流，源源不尽，绵绵不绝，如红霞映水，似赤袖拂风。诗意美妙空灵，恍恍惚惚。天真有趣的一"问"引出一溪桃花流水，激活一份缥缈幻想，不言神往而神往自见，直写桃花而桃花传情。诗歌写得像桃花源一样扑朔迷离，令人神往，张旭真是诗情高手！

最能体现隐逸思想的诗歌当数唐伯虎的《桃花庵歌》：

桃花坞里桃花庵，桃花庵里桃花仙。
桃花仙人种桃树，又摘桃花换酒钱。
酒醒只在花前坐，酒醉还来花下眠。
半醒半醉日复日，花落花开年复年。
但愿老死花酒间，不愿鞠躬车马前。
车尘马足富者趣，酒盏花枝贫者缘。
若将富贵比贫贱，一在平地一在天。
若将贫贱比车马，他得驱驰我得闲。
别人笑我太疯癫，我笑他人看不穿。
不见五陵豪杰墓，无花无酒锄作田。

这首诗写于弘治十八年（1505年），这一年距唐寅科场遭诬仅六年。唐寅曾中过解元，后来受到科场舞弊案牵连，功名被革，在长期的生活磨炼中，看穿了功名富贵的虚幻。诗人作此诗即为表达其乐于归隐、淡泊功名的生活态度。在古代，桃还有驱鬼辟邪的意思，而"桃"与"逃"谐音，因有避世之意。在唐寅的诗中，"桃花"这一意象频频出现："我也不登天子船，我也不上长安眠。姑苏城外一茅屋，万树桃花月满天"（《把酒对月歌》）；"桑出罗兮柘出绫，绫罗妆束出娉婷。娉婷红粉歌金缕，歌与桃花柳絮听"（《桑图》）；"野店桃花万树低，春光多在画桥西。幽人自得寻芳兴，马背诗成路欲迷"（《题画四首·其一》）；"花开烂漫满村坞，风烟酷似桃源古。千林映日莺乱啼，万树围春燕双舞"（《桃花坞》）；"草屋柴门无点尘，门前溪水绿粼粼。中间有甚堪图画，满坞桃花一醉人"（《题画廿四首·其十五》）。

花红易衰似郎意，水流无限似侬愁
——失意的象征

　　桃花作为美的意象，文人倍加赞誉的作品确实很多，但也有很多作品从反面立意。或借桃花写自己的失落，或借桃花讽刺薄情寡义之人。李白在《古风桃花开东园》中写道："桃花开东园，含笑夸白日。偶蒙春风荣，生此艳阳质。岂无佳人色，但恐花不实。宛转龙火飞，零落早相失。讵知南山松，独立自萧飂。"诗歌借桃花讽刺那些华而不实，只会逢迎拍马，以求显赫一时的达官贵人。在李白的眼中，那些达官贵人就像"花不实"的桃花一样，转瞬之间就会凋零得无踪无影。刘禹锡《元和十年自朗州至京戏赠看花诸君子》："紫陌红尘拂面来，无人不道看花回。玄都观里桃千树，尽是刘郎去后栽。"诗歌托物寓意，通过人们在长安一座道观——玄都观中看花这样一件生活小事，讽刺了当时的朝廷新贵。只可惜他没有李白那么幸运，此诗一出，便在长安城内广泛流传。平日里嫉妒他的人便将此诗抄给当朝宰相看，并添油加醋说尽坏话，后来宰相告诉刘禹锡，说他的这首诗惹了事端，不久，刘禹锡就被贬到更远更苦的播州（今贵州遵义）。而多年以后，刘禹锡才得以回到长安。又是在一年的春天，他来到玄都观，但昔日的桃树已是荡然无存，只见杂草丛生，摇动于习习春风之中。联想到自己的遭遇，于是又写下了一首一语双关的桃花诗《再游玄都观》："百亩庭中半是苔，桃花净尽菜

花开。种桃道士归何处？前度刘郎今又来。"诗中的讽喻之意跃然纸上。可谓"岁岁年年花相似，年年岁岁人不同。春风有意艳桃花，桃花无意惹诗情！"

刘禹锡的《竹枝词九首·其二》借桃花易谢痛斥男子的薄情负心，表达女主人公的忧患愁情。"山桃红花满上头，蜀江春水拍山流。花红易衰似郎意，水流无限似侬愁。"诗歌刻画了一个热恋中的农家少女的形象，恋爱给她带来了幸福，也带来了忧愁。一、二句言喜。山上，漫山遍野，桃花盛开，红红火火，春意盎然；山下，一江春水，拍山流过，潺潺流淌，情意绵绵。两句诗文烘托出农家女子陶醉在爱河中的幸福和甜蜜。三、四句说愁，托物起兴，触景生情。艳艳桃花，火红灿烂，但历时不久，易衰易谢，正如男子见异思迁，用情不专的爱心；汩汩春江，清清亮亮，源源不断，愈流愈长，正如女子排遣不尽、挥之不去的忧愁。数对方变心变情，可恨可气；想自己愁忧满腹，无可奈何。全诗写花开花谢，抒爱恨欢愁。

东风不为吹愁去，春日偏能惹恨长
——愁苦悲惨的象征

杜甫的《南征》抒发诗人老迈多病，漂泊天涯的悲苦之情。"春岸桃花水，云帆枫树林。偷生长避地，适远更沾襟。老病南征日，君恩北望心。百年歌自苦，未见有知音。"诗歌后面六句抒悲情，有颠沛流离、远适

南国的羁旅悲愁，有年老体衰、疾病缠身的无可奈何，有仕途坎坷、壮志未酬的愤愤不平，还有百年歌苦、知音乏绝的沉痛喟叹。前面两句描乐景。春水方生，桃花夹岸，锦浪浮天；云帆一片，征途千里，极目四眺，枫树成林。好一派美妙迷人的春江景色！如此欢快明朗的色调，如此生机盎然的景色，如此光艳灿烂的桃花，反衬出诗人光景无多、前途渺茫的忧郁愁苦。桃花亮人眼目却伤人魂魄。王建《宫词一百首·其一》以花喻人，揭示宫女的悲苦命运。"树头树底觅残红，一片西飞一片东。自是桃花贪结子，错教人恨五更风。"一、二句以凄清画面见长。高墙大院之内，一个暮春的早晨，宫女在桃树下徘徊，看看"树头"，花朵越来越少；瞧瞧"树底"，"残红"越来越多。春风阵阵，桃花飘零，满地狼藉，"惨"不忍睹。这种伤春惜花的描写隐含着宫女对自身年华逝去、命薄桃花的嗟伤。三、四两句以议论取胜。桃花凋谢，可以结出丰硕的果实来，自然自在，不怨风，不怪雨，可是，宫女的命运却远远没有桃花结子那般幸运、自由，滞留深宫，青春不在，幸福无缘，只有老大徒悲的苦叹。纵观全诗，不管是写宫女惜花恨风，还是写宫女羡花妒花，跌宕转换的诗情都深深地暗示出宫女凄惨悲苦的命运，也揭露了封建制度剥夺宫女幸福、扼杀宫女青春的罪恶。贾至的《春思二首·其一》抒写流人之愁和逐客之恨。"草色青青柳色黄，桃花历乱李花香。东风不为吹愁去，春日偏能惹恨长。"贾至在唐肃宗时期曾因事被贬为岳州司马，这首诗大概就是他在贬谪期间所写的。三、四两句说愁言恨，上句怨东

风无情，不为遣愁，以见诗愁重难遣；下句怪春日惹恨，把恨拉长，足见诗人度日如年。一、二两句描柳绘花。上句说春草丛生，柳丝飘拂，以显盎然生机；下句说桃李争春，芳香四溢，可见明媚春光。这两句以良辰美景反衬诗人无法消除的深愁苦恨。

　　诗人笔下的桃花，或明丽动人，或热烈欢快，或如梦似仙，自然自在，充满禅意。这些绚丽缤纷的桃花构成了一个光彩夺目、魅力四射的文学世界，芳香四溢，深邃迷人。

若教解语应倾国，任是无情亦动人
——牡丹诗话

张元素曰："牡丹乃天地之精，为群花之首。叶为阳，发生也。花为阴，成实也。丹者，赤色，火也。"（《钦定古今图书集成·博物汇编草木典·第二百八十八卷》）"牡，门户枢；丹，英华色也。"（《本草乘雅》）"牡丹，一名鹿韭，一名鼠姑，一名百两金，一名木芍药。（通志云，牡丹初无名，依芍药得名，故其初曰木芍药。本草又云，以其花似芍药而宿干似木也。）秦汉以前无考，自谢康乐始言永嘉水际竹间多牡丹，而刘宾客《嘉话录》谓北齐杨子华，有画牡丹，则此花之从来旧矣。"（《群芳谱·三十二卷》）"花者，牡丹未尝与焉。盖遁于深山，自幽而芳，不为贵者所知，花则何过焉。"（唐代舒元舆《牡丹赋》）

牡丹是我国特有的木本名贵花卉，毛茛科芍药属，落叶小灌木。自古以来名字繁多，除了鼠姑、鹿韭、百两金、木芍药，还有谷雨花、洛阳花、富贵花、花王等。原产于我国的长江流域与黄河流域。约3000年前牡丹开始进入人们的视野，在《诗经·郑风·溱洧》里，就有牡丹出现："溱与洧，方涣涣兮。士与

女,方秉兰兮。女曰观乎?士曰既且,且往观乎。洧之外,洵讦且乐。维士与女,伊其相谑,赠之以芍药。"古时候,牡丹和芍药是不分的,后来有了木芍药和草芍药的说法,再后来木芍药就成了牡丹。秦人安期生在《服炼法》中说:"牡丹亦有木芍药之名。其花可爱如芍药,宿枝如木,故得木芍药之名……牡丹初无名,故依芍药以为名。"晋代崔豹《古今注》记载:"芍药有二种,有草芍药,有木芍药,木者花大而色深,俗呼为牡丹。"秦汉时期,牡丹开始用作中药,据《神农本草经》记载,"牡丹味辛寒",而且可以治疗"血瘀病"。牡丹名称由来,除了以上说法,李时珍在《本草纲目》中说:"牡丹以色丹者为上,虽结子,而根上生苗,故谓之牡丹。""牡",意味着此花可无性繁殖,其花红故谓"丹"。

牡丹真正成为观赏植物栽培,大约始于南北朝。据唐代韦绚《刘宾客嘉话录》记载:"北齐杨子华有画牡丹极分明。子华北齐人,则知牡丹久矣。"又据《太平御览》谢康乐说:"南朝宋时,永嘉(今温州一带)水际竹间多牡丹。"从记载看来,这是牡丹开始在绘画艺术中呈现。

隋朝时期,牡丹的栽培数量逐步增加,范围开始逐渐扩大,当时的皇家园林和达官显贵的花园中已开始引种栽培牡丹,并初步形成集中观赏的规模。据《炀帝海山记》记载,隋帝辟地二百里为西苑(今洛阳西苑公园一带),诏天下进花卉,易州进二十箱牡丹,有赭红、飞来红、袁家红、醉妃红、云红、天外黄、一

拂黄、软条黄、延安黄、先春红、颤风娇……隋都西苑种植牡丹与隋炀帝广泛收集民间的奇花异草有关。《隋志·素问篇》中说道:"清明次五日,牡丹华。"这又足以说明牡丹作为观赏植物则规模更大。

唐朝,政治清明开放,社会稳定,经济繁荣,牡丹栽培开始繁盛起来,在宫廷寺观、富豪家院以及民间种植牡丹已十分普遍。白居易的诗句"花开花落二十日,一城之人皆若狂",显示出当时东都洛阳栽植和观赏牡丹极盛之况。《洛阳牡丹记·风俗记第三》:"洛阳之俗,大抵好花。春时,城中无贵贱皆插花。虽负担者亦然。花开时,士庶竞为游遨,往往于古寺、废宅有池台处,为市井,张幄帟,笙歌之声相闻。"李格非在《洛阳名园记》中说:"洛阳花甚多种,而独名牡丹曰花。凡园皆植牡丹,而独名此曰花园子。盖无他,池亭独有牡丹数十万本。凡城中赖花以生者,毕家于此。至花时,张幕幄,列市肆,管弦其中。城中士女,绝烟火游之。过花时,则复为丘墟,破垣遗灶相望矣。今牡丹岁益滋,而姚黄魏紫,一枝千钱,姚黄无卖者。"牡丹被众多的人喜爱,不仅有一定的观赏价值,而且有较高的经济价值。李肇在《唐国史补》里说:"京城贵游,尚牡丹三十余年矣。每春暮,车马若狂,以不耽玩为耻。执金吾铺官围外寺观,种以求利,一本有值数万者。"白居易的《买花》云:"一丛深色花,十户中人赋!"可见,当时牡丹花的贵重。此后,牡丹种植业一直不断地发展,尤其是洛阳更是牡丹花的集中地。欧阳修《洛阳牡丹记》记载:"牡丹

出丹州、延州，东出青州，南亦出越州，而出洛阳者，今为天下第一。"李白"云想衣裳花想容，春风拂槛露华浓。若非群玉山头见，会向瑶台月下逢"等三首《清平调词》就是歌咏几种不同颜色牡丹的。"庭前芍药妖无格，池上芙蕖净少情。唯有牡丹真国色，花开时节动京城。"（刘禹锡《赏牡丹》）"帝城春欲暮，喧喧车马度。共道牡丹时，相随买花去。贵贱无常价，酬值看花数。灼灼百朵红，戋戋五束素。……家家习为俗，人人迷不悟。"（白居易《买花》）从以上这些诗篇可以看出当时栽培牡丹的盛况。这时，牡丹不但颜色种类多了，而且还出现了一些新奇变异和重瓣牡丹。"兴唐寺有牡丹一窠，元和中着花一千二百朵，其色有正晕、倒晕、浅红、深紫、黄白檀等，独无深红。又有花叶中无抹心者。重台花者，其花面径七八寸。"（《酉阳杂俎》）"穆宗皇帝殿前种千叶牡丹，花始开香气袭人，一朵千叶，大而且红。"（《杜阳杂记》）。

宋朝时期，牡丹栽培中心由长安移至洛阳，栽培技术更加系统完善，对牡丹的研究有了很大的提高，出现了一批理论专著，如欧阳修的《洛阳牡丹记》、周师厚的《洛阳牡丹记》和《洛阳花木记》、张峋的《洛阳花谱》、张邦基的《陈州牡丹记》、沈括的《牡丹记》等，记述了牡丹的栽培技术，总结出了一整套较为完善的栽培牡丹经验。北宋时，洛阳人不单爱牡丹、种牡丹，更善于培育新品种，牡丹"不接则不佳"，他们用嫁接方法繁殖、固定芽变及优良品种。

南宋时，牡丹的栽培中心由北方的洛阳、开封移

向南方的天彭（今四川彭州市）、成都、杭州等地。在这些栽培地，首先引种了北方较好的品种，并与当地的少量品种进行了杂交（天然杂交），然后通过嫁接和播种的方法，从中选出更多更好的适宜南方气候条件的生态型品种。陆游著的《天彭牡丹谱》中记述了洛阳牡丹品种 70 余个。宋代洛阳牡丹已被推为天下之冠，遂有"洛阳花"之称。

金元时期，战乱频仍，洛阳牡丹濒临绝迹，是中国牡丹发展的低潮时期。长安、洛阳等地能见到的好品种已屈指可数，品种退化，重瓣品种难得一见，元朝洛阳学者姚燧，一心只为牡丹红，29 年中，足迹遍及中原各地，寻找那传说中的奇妙精灵、国色天香。他在洛阳、燕京、长安、邓州四地，找到百余株牡丹，写出了元朝唯一的牡丹花谱，这就是他的文集《牧庵集》中的《序牡丹》。

明代，牡丹的栽培中心转移到了安徽亳州。夏之臣《评亳州牡丹》云："吾亳州牡丹，年来浸盛，娇容三变，尤在季孟之间。等此而上，有天香一品、石榴红、胜娇容、宫红袍、琉璃贯珠，新红种种不一，杂红最后出，品种难得。又有大黄一种，轻腻可爱，不减三变。佛顶青为白色第一。大抵红花以花子红、银红、桃红为上。"又云："草堂数武之步，种莳殆偏，率以两色并作一丛，红白异状，错综其间，又以平头紫、庆天香、先春红三色插入其花丛，间集而成文章，他时盛开灿然若锦。"此时开中国插花技术之先河。同时，曹州（今山东菏泽）、北京牡丹栽培也逐渐繁盛起来。江南太湖周

围、西北的兰州、临夏也有所发展。

　　清代,曹州牡丹的栽培就更盛了,取亳州而代之。《曹县志》云:"牡丹非土产也,初盛于雒下(今陕西省洛南县),再盛于亳州,彼时已六七百种,分五色排列,叙至于今,亳州寂寥,而盛事悉归曹州。""曹州园户种花如种黍粟,动以顷计,盖连畦接畛也。"(《曹州牡丹谱》)。蒲松龄在他写的《聊斋志异·葛巾》中,写曹州牡丹花精葛巾和玉版姊妹与常大用兄弟二人结合,各生一子,后花精的身份暴露,姊妹二人掷儿而去。两儿堕地以后就不见了,不久却长出牡丹二株,"一紫一白,朵大如盘",十分奇幻。这时,曹州城东北各村栽培牡丹已很普遍。有以养花为业者,成园成圃者很多,其中尤以王李庄、洪庙、毛庄、赵楼各村为冠。道光年间赵玉田在村北建花园,专养牡丹、芍药,集本村之大成,园之周围树之以桑为篱,名曰"桑篱园"。著有《桑篱园牡丹谱》,其中记述了151种,内称:"山左十郡二州,语牡丹则曹州独也。曹州十邑一州,语牡丹则菏泽独也。""菏泽为郡为里者,不知其几,语牡丹之出,惟有城北之一隅,鲁山之阳,范堤之外,连延不断十里。"其后,有《绮园牡丹谱》,核其名者百四十有奇。并云:"谷雨后往观,见姹紫嫣红,含蕊皆放,交错如锦,夺目如霞,灼灼似群玉之竞集,煌煌若五色之相宣。"当时栽培面积已达500多亩,每年输出十余万株,运往广州、天津、北京、汉口、西安、济南等地出售。其中运往广州者为最多,收益亦大。当地农民流传着这样一句民谚:"种果树莫若木瓜、

柿子，养花木还是牡丹、芍药。"再加上社会上的爱好，菏泽人善于种花，以及牡丹根皮可供药用，所以菏泽牡丹，长期发展，历久不衰。此时，甘肃大部分地区也有牡丹栽培。而以兰州、临夏、临洮一带为栽培中心地。清末编纂的《甘肃新通志》曾有牡丹在甘肃"各州府都有，惟兰州较盛，五色具备"的记载。延安万花山，位于杜甫川内花源头村对面，这里盛产牡丹。清代嘉靖修《延安府志》中记有"花源头产牡丹极多，樵者以之为薪"。附近群众有在农历四月初八到此赏花的习俗，已有一千多年的历史。

牡丹有花王至尊的国色之美，更被人们视为"花王"，诗人们写了很多作品刻画牡丹艳压群芳之美，给予牡丹至高的评价。

灼灼似群玉，煌煌若五色
——咏花容

牡丹雍容华贵，富丽端庄，有"国色天香"的美称，更被赏花者称为"花中之王"。野生牡丹以紫、粉、白、黄等色为主，现在的牡丹花色更丰富，可谓五彩缤纷、姹紫嫣红。更神奇的是复色花，如"二乔"，同一株或同一枝上可以开出两种不同颜色的花：一为艳紫红色，一为粉红色，即使在同一朵花上也可出现紫红、粉红两种不同颜色的花瓣。《开元天宝遗事》："初有木芍药，植于沈香亭前。其花一日忽开，一枝两头。

朝则深红，午则深碧，暮则深黄，夜则粉白。昼夜之间，香艳各异。"可见，在唐代，牡丹花色就有"二乔"了。据《酉阳杂俎》记载："兴唐寺有牡丹一窠，元和中着花一千二百朵，其色有正晕、倒晕、浅红、浅紫、深紫、黄白檀等，独无深红。又有花叶中无抹心者，重台花者。其花面径七八寸。"一棵牡丹花，花色繁杂，令人惊讶。粉白黛绿，绚丽灿烂。红的似火，白的胜玉，粉的如霞，蓝的像梦，黄的赛金，五彩斑斓令人沉醉。《绮园牡丹谱》云："谷雨后往观，见姹紫嫣红，含蕊皆放，交错如锦，夺目如霞，灼灼似群玉之竞集，煌煌若五色之相宜。"百花怒放，万紫千红，煞是可爱。

不同诗人喜欢不同颜色的牡丹，陆树声喜欢白牡丹，"洛阳春色画图中，幻出天然夺化工。不泥繁华竞红紫，一般清艳领东风"，白牡丹的纯洁高贵跃然纸上。王世贞的《季园赏白牡丹》更是写出白牡丹的秀色可餐："三月一出游季园，千奇万丽攒雕栏。纷纷红紫尽辟易，中有一株白牡丹。初疑龙池宴，罢舞双成盘。又似洗头盆，暂卸天女冠。姑射寒生雪肤粟，郁仪风细霓裳单。河宗攻玉乍成斗，鲛室泪珠丛作团。优钵昙名亦浪语，璚花么么何足观。太真霞脸大醉色，睹此亦学江妃酸。举觞酬季郎，化工在手汝不难。得非扬州观头逢七七，又何必善和坊里延端端。即使宋人琢此瓣，百岁那得兹花看。老夫久寂寞，为尔暂为欢。再进金叵罗，属客莫留残。日落不落天阑干，欲去不去心盘桓，皎然秀色转可餐。他年倘许蕊珠会，别跨长离胜紫鸾。"王贞白在《白牡丹》中赞美道："谷雨洗纤素，裁为白牡丹。

异香开玉合,轻粉泥银盘。晓贮露华湿,宵倾月魄寒。家人淡妆罢,无语倚朱栏。"范成大欣赏紫色牡丹,则说"满眼艳妆红袖,紫绡终是仙风"。

国色朝酣酒,天香夜染衣
——花香

在诸多花中,有的花大色艳,花香较淡,甚至没有香味。而牡丹花大且美,花香也很馥郁。花开时节,芬芳四溢,空气中弥漫着浓郁的花香。杨万里《立春检校牡丹》写道:"东风从我袖中出,小蕾已含天上香。"写出牡丹花蓓蕾初现就已经香气袭人了。唐代诗人李正封写下"国色朝酣酒,天香夜染衣"咏叹牡丹的诗句后,"国色天香"就成了牡丹的代名词,王建的《赏牡丹》一诗对牡丹花香的描写更为夸张。诗中这样写道:"香遍苓菱死,红烧踯躅枯。"牡丹的香气竟然让苓菱都自惭形秽,自愧不如几欲枯死,艳丽的姿色让红杜鹃都无法与它媲美。甚至诗人们认为牡丹的花香非人间所有,如李山甫的《牡丹》云:"数苞仙艳火中出,一片异香天上来。"诗人认为牡丹的红艳是从"火中出"的,奇异的香气是从"天上来"的,道出了牡丹花香的奇与异,此香只应天上有,不知何时到人间。又如睦石《咏牡丹》"枝枝承日彩,片片引天香"。韦庄《白牡丹》诗云:"昨夜月明浑似水,入门惟觉一庭香。"花香扑面而来,世间其他万物都可以置之脑后了。石延年《牡丹》"独步

世无吴苑艳，浑身天与汉宫香"，称牡丹花香是汉宫香，让人联想到汉宫春色。也有人称牡丹花香为冷香、馨香、百味狂香的，张抡在《临江仙》赞叹道"且图觳醉枕，香到梦魂中"，梦中也可以嗅到牡丹花香，让人想见诗人的爱花之心切。元代张养浩《毛良卿送牡丹》，"栽培直讶天上种，熏染不类人间株。有时风荡香四出，举国皆若兰为裾"，牡丹花香随风飘荡弥漫全城，体现了诗人对牡丹花香的百般喜爱。

娇含嫩脸春妆薄，红蘸香绡艳色轻
——花韵

牡丹花开，娇艳欲滴，千姿百态。刘禹锡诗"庭前芍药妖无格，池上芙蕖净少情"，写芍药美丽但过分妖艳，荷花高洁却缺少风情，"唯有牡丹真国色"，只有牡丹集美丽、高贵、风情于一身，既富丽堂皇又格调高雅，"花开时节动京城"，受到帝王将相、文人墨客、寻常百姓的广泛喜爱，可谓三千宠爱集于一身。白牡丹冰清玉洁，红牡丹娇艳欲滴，黄牡丹华贵典雅，蓝牡丹超凡脱俗，粉牡丹娇柔清丽，紫牡丹雍容大方，黑牡丹端庄秀雅，绿牡丹珍奇妩媚，复色牡丹缤纷多彩，姹紫嫣红、雍容华贵，占尽春色。王建的咏白牡丹诗写道："月光裁不得，苏合点难胜。柔腻沾云叶，新鲜掩鹤膺。"月光、奶酪、白云、鹤脯这些都是以白著称的事物，在皎洁妩媚的白牡丹面前，都相形见绌，黯然失色，牡丹花

的洁白娇艳跃然纸上。苏轼的《堂后白牡丹》就更有意思了，先极力夸奖红牡丹一番，"城西千叶岂不好，笑舞春风醉脸丹"，然后笔锋急转，"何似后堂冰玉洁，游蜂非意不相干"，用鲜明的对比手法，突出了白牡丹冰姿玉骨、孤芳自赏的品性。"娇含嫩脸春妆薄，红蘸香绡艳色轻。早晚有人天上去，寄他将赠董双成。"唐朝诗人徐夤用拟人的手法，写出牡丹的艳丽如美人薄妆。"虚生芍药徒劳妒，羞杀玫瑰不敢开。"徐凝也用了鲜明对比和烘托的手法写出了牡丹超群芳的特点。徐夤则更进一步直书牡丹为"万万花中第一流"，清代的陈确赞为"天然国色美无双"，宋代欧阳修赞美说"天下真花独牡丹"。牡丹花一般在暮春开放，民谣曰"谷雨三朝看牡丹"，此时，桃、梨、杏花都已败落，牡丹迟开不争春。这点也引起诗人们的赞美，以花喻人，风格高尚。如唐朝殷文圭诗："迟开都为让群芳，贵地栽成对玉堂。红艳袅烟疑欲语，素华映月只闻香。剪裁偏得东风意，淡薄似矜西子妆。雅称花中为首冠，年年长占断春光。"唐代皮日休作《牡丹》诗："落尽残红始吐芳，佳名唤作百花王。竞夸天下无双艳，独立人间第一香。"毫不犹豫地把牡丹推上百花之王的位置。

牡丹花开，繁花似锦、绚丽灿烂，其美丽花姿让人为之倾倒，雍容典雅、富贵祥和的形象代表全国人民对明天的美丽憧憬和美好愿景，寓意国家繁荣昌盛、兴旺发达；人们对于牡丹的喜爱，还让牡丹花成为中华民族的精神和优秀品格的象征，也成为美的化身，有纯洁与爱情的象征意义。

一枝红艳露凝香，云雨巫山枉断肠
——爱情的象征

在《诗经·郑风·溱洧》里，牡丹作为爱情的信物被提及："溱与洧，方涣涣兮。士与女，方秉蕳兮。女曰观乎？士曰既且，且往观乎。洧之外，洵訏且乐。维士与女，伊其相谑，赠之以芍药。溱与洧，浏其清矣。维士与女，殷其盈矣。女曰观乎？士曰既且，且往观乎。洧之外，洵訏且乐。维士与女，伊其将谑，赠之以芍药。"

这里的芍药就是牡丹。因为芍药是初夏开花，即阴历的四月。牡丹先开，芍药后开，花期相差15天左右。人们喜欢把它们栽在同一个园子里，两者次第开放，看罢牡丹看芍药，延长了观赏期。而《诗经》所写的是郑国的上巳节，朱熹在《诗集传》中说："郑国之俗，三月上巳之辰，采兰水上以袚除不祥……于是士与女相与戏谑，且以芍药相赠而结思情之厚也。"三月上巳，就是阴历三月的第一个巳日。魏晋之后改为阴历三月三，正是牡丹盛开的时候，而不是芍药盛开的时候。因此《诗经·郑风·溱洧》中说的爱情信物应该是牡丹。

《松窗杂录》记载：开元中，玄宗、杨贵妃于沉香亭赏牡丹，伶人们正准备表演歌舞以助兴。唐玄宗却说："赏名花，对妃子，岂可用旧日乐词。"因急召翰林待诏李白进宫写新乐章。李白奉诏进宫，即在金花笺上写了三首诗——《清平调词三首》。

云想衣裳花想容，春风拂槛露华浓。
若非群玉山头见，会向瑶台月下逢。

一枝红艳露凝香，云雨巫山枉断肠。
借问汉宫谁得似，可怜飞燕倚新妆。

名花倾国两相欢，长得君王带笑看。
解释春风无限恨，沉香亭北倚阑干。

  诗中把杨贵妃比作天女下凡，又像一朵温馨的白牡丹花，更用楚王和神女的故事、汉成帝和赵飞燕的事实，来形容杨玉环和唐明皇的爱情，"名花倾国两相欢，长得君王带笑看"，使牡丹、杨贵妃、玄宗三位一体，融合在一起了。而杨玉环和唐明皇的爱情故事也得到了后人传颂。

人道洛阳为乐国，醉归恍若梦钧天
——繁荣昌盛的象征

  牡丹花开时节，繁花似锦，灿烂辉煌。在大唐盛世，全国上下无不为之倾倒，牡丹花季成了都城长安的狂欢节。舒元舆《牡丹赋》序云："由此京国牡丹，日月浸盛，今则自禁闼洎官署，外延士庶之家，弥漫如四渎之流，不知其止息之地。每暮春之月，遨游之士如狂焉。亦上国繁华之一事也。"大诗人刘禹锡不禁

赞誉："惟有牡丹真国色，花开时节动京城。"唐徐凝《寄白司马》也说："三条九陌花时节，万户千车看牡丹。"写出唐朝牡丹花开时节，人们争先恐后观赏牡丹花的场景。徐夤《牡丹花二首·其二》："万万花中第一流，浅霞轻染嫩银瓯。能狂绮陌千金子，也惑朱门万户侯。朝日照开携酒看，暮风吹落绕栏收。诗书满架尘埃扑，尽日无人略举头。"这首诗将牡丹令人痴狂的魅力通过正面赞美、侧面烘托，完整地呈现在人们眼前还不算，又把人们沉迷于赏花，连平时爱读的诗书也无暇顾及，任其与尘埃为伴的狂热痴迷点染出来。以后李正封又有"国色朝酣酒，天香夜染衣"的名句，更有皮日休写牡丹的好诗："落尽残红始吐芳，佳名唤作百花王，竞夸天下无双艳，独立人间第一香。"北宋昭文馆大学士韩琦的牡丹诗中，又以"国艳"嘉誉牡丹。

宋朝时，人们更喜欢描写牡丹花带来的吉祥和谐的欢庆场景，他们往往通过对牡丹或牡丹玩赏活动的描述来歌颂太平。如文彦博《游花市示之珍》云："去年春夜游花市，今日重来事宛然。列肆千灯争闪烁，长廊万蕊斗鲜妍。交驰翠幰新罗绮，迎献芳樽细管弦。人道洛阳为乐国，醉归恍若梦钧天。"这首诗描写洛阳牡丹花市之盛，传达出一种沉醉于盛世乐国的兴奋与惬意。这种心理情感集中体现在强至的《题姚氏三头牡丹》中："姚黄容易雒阳观，吾土姚花洗眼看。一抹胭脂匀作艳，千窠蜀锦合成团。春风应笑香心乱，晓日那伤片影单。好为太平图绝瑞，却愁难下彩毫端。"

诗人们在玩赏牡丹时，感受到国势之强盛，视美艳富丽的牡丹为国家繁荣昌盛的象征，从而产生了用诗歌、绘画等形式来描绘牡丹歌颂太平的强烈冲动。

由此，自唐宋以来，牡丹成为吉祥幸福、繁荣昌盛的象征，并得以世代延续下来。1959年，周恩来总理在洛阳说过："牡丹是我国的国花，它雍容华贵，富丽堂皇，是我们中华民族兴旺发达、美好幸福的象征"。楚图南曾写《题曹州牡丹》，诗云："绿艳红香烂彩霞，春回大地绽奇葩。须知富贵仙乡种，已是人间自由花。"楚图南1926年加入中国共产党。1928年东北的中共党组织屡遭破坏，楚图南遭到反动当局的通缉，1929年下半年，他通过共产党组织来到曲阜二师教书。其间他在山东继续向青年学生宣传进步思想，观赏到牡丹花。新中国成立后，他欣喜万分，提笔写下这首诗，洋溢着喜悦之情。今天，牡丹的这一文化象征意义又被赋予了新的含义，因为它非常贴切地代表了改革开放的中国国泰民安、前程似锦的美好形象，具有鲜明的时代特征，表达了全国各族人民共同的理想和愿望。

牡丹，花之富贵者也
——富贵的象征

在咏牡丹的诗词中，有不少是赞美牡丹花的娇艳多姿，富丽堂皇。"娇含嫩脸春妆薄，红蘸香绡艳色轻。早晚有人天上去，寄他将赠董双成"（徐夤《尚书座上

赋牡丹得轻字韵其花自越中移植》)用拟人的手法,写牡丹的艳丽。"虚生芍药徒芳妒,羞杀玫瑰不敢开"。(唐代徐凝《题开元寺牡丹》)用鲜明对比和烘托的手法写出了牡丹艳超群芳的特点。唐代诗人孙光宪的《生查子》词,将牡丹比作头插玉簪、艳压群芳的美人:"清晓牡丹芳,红艳凝金蕊。乍占锦江春,永认笙歌地。感人心,为物瑞,烂漫烟花里。戴上玉钗时,迥与凡花异。"牡丹花姹紫嫣红,富丽堂皇,从气质上给人以富贵之感。自宋以来,牡丹即被称为"富贵花"。此说起自宋哲学家周敦颐《爱莲说》,他写道:"自李唐以来,世人甚爱牡丹""牡丹,花之富贵者也"。从此,牡丹与"富贵"二字紧密联系在一起。明著名画家徐渭《题墨牡丹》诗写道:"五十八年贫贱身,何曾妄念洛阳春?不然岂少胭脂在,富贵花将墨写神。"他也称牡丹为"富贵花",清代菏泽赵世学写《牡丹富贵说》,他写道:"吾观牡丹一花,谷雨开放,国色无双,有独富焉,群芳圃中孰堪比此艳丽者乎?""即以牡丹之富贵言之,其富也,富而无骄,非君子而实君子者也;其贵也,贵而不挟,非隐逸实亦隐逸者也"。继而赞曰:

  天地万物,独贵异常。牡丹一种,百花之王。
  花开富贵,绣成文章。洛阳名盛,曹南称强。
  三月初放,万锦毕张。名驰四海,曜比三光。
  无双国色,独步天香。锦城花国,芳园帝乡。
  桃红献媚,葡绿进觞。群芳捧寿,独秀当阳。
  失色桃李,争媚海棠。三春大盛,万寿无疆。

荣开财府，喜朝花堂。梅应叹瘦，菊难较长。
生是使然，何用不臧！灉沮两岸，桂陵一方。
作福作寿，继续永昌。鲁阳之地，千古流芳。

在历代绘画及各种工艺美术作品中，牡丹作为富贵的象征，与其他花鸟、山石的不同组合，会表现出与富贵结合在一起的不同的寓意。

张岷的《洛阳观花》："平生自是爱花人，到处寻芳不遇真。只道人间无正色，今朝初见洛阳春。"在诗人眼里，牡丹就是"洛阳春"的代名词，牡丹才是"人间正色"。"一春颜色与花王，况在庄严北道场。美艳且推三辅冠，嘉名谁较两京强。已攒仙府霞为叶，更夺熏炉麝作香。会得轻寒天意绪，故延芳景助飞觞。"宋韩琦的这首《赏北禅牡丹》极尽夸张铺排之能事，把牡丹的美写得高贵逼人，摄人心魄。元代诗人李孝光的《牡丹》诗，颇能表达人们对牡丹的赞美之情："富贵风流拔等伦，百花低首拜芳尘。画栏绣幄围红玉，云锦霞裳蹋翠裀。天上有香能盖世，国中无色可为邻。名花也自难培植，合费天公万斛春。"诗中赞美牡丹超凡脱俗、居百花之首的高贵气质，及灿烂艳丽的芳姿，赞颂牡丹在百花盛开后于暮春开放，不与百花争先的品格。

牡丹花品冠群芳，况是期间更有王
——高贵风骨的象征

人们喜爱牡丹，因为牡丹有能代表中华民族精神力量的优秀品格。《广群芳谱》记载："武后诏游后苑，百花俱开，牡丹独迟，遂贬于洛阳，故洛阳牡丹冠天下。是不特芳姿艳质足压群葩，而劲骨刚心尤高出万卉，安得以富贵一语概之。"据传说，武则天对百花下诏令道："明朝游上苑，火速报春知，花须连夜发，莫待晓风催！"牡丹不听从，被贬到洛阳。谁知，这些牡丹到洛阳，马上就长出绿叶，开出娇艳无比的花朵。武则天闻讯，气急败坏，派人即刻赶赴洛阳，要一把火将牡丹花全部烧死。然而，人们却惊奇地发现，牡丹虽枝干已焦黑，但那盛开的花朵却更加夺目。牡丹花就这样获得了"焦骨牡丹"的称号，牡丹仙子也以其凛然正气，被众花仙拥戴为"百花之王"。从民间关于洛阳与牡丹的渊源可以看出，牡丹本身就代表着凛然不屈和不向权贵低头的傲岸风骨。历代文人墨客也意识到了牡丹所独有的风神。在《灌园叟晚逢仙女》中，一伙恶奴毁花霸园，是牡丹仙子及时赶来救活了被毁坏的牡丹花，严惩了暴徒。牡丹不畏权贵和恶势力，备受人们称赞。

唐代殷文圭有诗云："迟开都为让群芳，贵地栽成对玉堂。红艳袅烟疑欲语，素华映月只闻香。剪裁偏得东风意，淡薄似矜西子妆。雅称花中为首冠，年年长占断春光。"诗中不仅赞颂了牡丹的美丽，更赞颂了它"迟

开都为让群芳"的不与百花争艳的高尚品格。刘禹锡的《思黯南墅赏牡丹》中的"有此倾城好颜色，天教晚发赛诸花"，正是因为有了花色倾城的底蕴，所以即使"晚发"也能"赛诸花"，牡丹不与百花争艳的品格与诗人"吹尽狂沙始到金"的自信从容异曲同工。

唐代韩琮的《牡丹》吟咏道："桃时杏日不争浓，叶帐阴成始放红。晓艳远分金掌露，暮香深惹玉堂风。名移兰杜千年后，贵擅笙歌百醉中。如梦如仙忽零落，暮霞何处绿屏空。"在桃杏满园的时节里，牡丹不与它们争奇斗艳，却在绿草如茵的暮春时节惊艳登场，在百花中脱颖而出，赢得芳名。宋代范纯仁的《和韩侍中同赏牡丹》："秦地春光似洛阳，牡丹名擅百花场。巧钟绝艳群芳后，高剪红云万叶疆。""绝艳群芳"的牡丹天生自有王者风范。时至今日，牡丹仍有"冠群芳"的美誉。

晚唐诗人皮日休的《牡丹》却是从"落尽残红"的暮春时节来写牡丹："落尽残红始吐芳，佳名唤作百花王。竞夸天下无双艳，独立人间第一香。"诗中表现出的晚唐文坛巨子仰首云天的才情和壮志，注入牡丹晚开独盛的季节时序之中，将牡丹遗世独立的傲岸之美表露无余。南唐诗人孙鲂的《题未开牡丹》以写未开时之牡丹"青苞虽小叶虽疏，贵气高情便有余"的特征，极赞牡丹浑然天成的贵气高情。

宋代王十朋的词《点绛唇·咏十八香异香牡丹》："庭院深深，异香一片来天上。傲春迟放，百卉皆推让。忆昔西都，姚魏声名旺堪惆怅。醉翁何往，谁与花标榜。"牡丹一开，"百卉皆推让"，读来让人傲然之气顿生，与

词人刚直不阿的人格相得益彰,展现了词人卓为当世才俊的气度。

"韶华婉娩,正和风迟日,暄妍清昼。紫燕黄鹂争巧语,催老芬芳花柳。灼灼花王,盈盈娇艳,独殿春光后。"宋代赵师侠《醉江月·足乐园牡丹》一词,用精巧的语言写出了牡丹"独殿春光后"的"灼灼花王"气质和风范。从牡丹花开花落的自然物候时序入手,营造牡丹暮春而放、绝艳群芳的高贵花品与王者风范。在以花开时序写人格上,牡丹的暮春晚发的王者气象,早梅凌寒绽放的报春者傲骨,菊花秋日独放的淡雅高远,堪称"鼎足而三",相互映衬。

理学家邵雍就生长在牡丹的故乡,自然对牡丹赞不绝口,在《牡丹吟》一诗中,诗人这样写道:"牡丹花品冠群芳,况是期间更有王。四色变而成百色,百般颜色百般香。"在这位大儒眼里,牡丹不仅艳冠群芳,而且"品冠群芳",被称为百花之王实至名归。

国色天香人咏尽,丹心独抱更谁知
—— 自身命运的叹惋

俞大猷是明代抗倭名将,一生几乎都在与倭寇作战,战功显赫,与戚继光并称为"俞龙戚虎"。俞大猷虽然屡立战功,却经常被弹劾甚至遭到免官,但俞大猷却从不计较。他曾写《咏牡丹》:"闲花眼底千千种,此种人间最擅奇。国色天香人咏尽,丹心独抱更

谁知？"这首《咏牡丹》就是以物言志的著名诗作，作者借牡丹的生长特性来表达自己的情怀：战功累累，却屡被弹劾，自己这颗忠于朝廷、誓死报国济世的赤子之心又有多少人理解呢？

"长安年少惜春残，争认慈恩紫牡丹。别有玉盘乘露冷，无人起就月中看。"唐代裴士淹的《白牡丹》写得意味深长，当时，姚黄魏紫等牡丹花深得时人宠爱，而"玉盘乘露冷"的白牡丹却备受冷落，字里行间满是诗人对白牡丹的怜惜，其中隐隐透出诗人的身世之感。作为"以道义自处，事上尽心，尤嫉朋党，故不为权幸所知"的一代名臣，白牡丹的遭遇何尝不是诗人自身处境的写照？为白牡丹鸣不平的还有大诗人白居易，"白花冷澹无人爱，亦占芳名道牡丹。应似东宫白赞善，被人还唤作朝官"。元和十年，诗人因直言善谏得罪权贵，而遭贬谪。这首诗写于被贬之前，诗人以牡丹自比，表达了对当时处境的不满。看到满园怒放的白牡丹竟被世人无视，作者顾影自怜，联想到了自己的处境，一种生不逢时、怀才不遇的悲凉感刹那间涌上心头。闲居东宫并即将遭贬的诗人就是那株"白牡丹"。白居易的另一首《惜牡丹花》："寂寞萎红低向雨，离披破艳散随风。晴明落地犹惆怅，何况飘零泥土中。"风光无限的牡丹在天气晴朗的日子里飘落犹显惆怅，更何况在风雨飘摇中零落成泥呢？隐隐透露出的是诗人对牡丹花美人迟暮的深深惋惜。白居易还有一首惜花诗这样写道："惆怅阶前红牡丹，晚来唯有两枝残。明朝风起应吹尽，夜惜衰红把火看。"为两枝残开的红牡丹感到无限伤感，为

了留住"风吹尽"前的短暂美丽，多情的诗人不惜秉烛夜游，对牡丹的怜惜不言而喻。在两首惜牡丹的诗中，谁又能说没有诗人自身处境的隐喻呢？生命中所有的美好都是转瞬即逝的，诗中寄寓了诗人岁月易逝、青春难驻的无限感慨。

唐代的另一诗人韩琮在其《牡丹》一诗中借牡丹表达了同样慨叹："残花何处藏，尽在牡丹房。嫩蕊包金粉，重葩结秀囊。云凝巫峡梦，帘闭景阳妆。应恨年华促，迟迟待日长。"花开花落本属自然，但艳冠群芳的牡丹的落败还是让诗人感到了无限感伤，让人无端有了韶华易逝、时不我待之感。徐夤在《郡庭惜牡丹》中也借牡丹写人生短暂、青春不驻："断肠东风落牡丹，为祥为瑞久留难。青春不驻堪垂泪，红艳已空犹倚栏。""久留难"不光有在断肠的东风中凋零的牡丹，还有诗人一去不复返的大好年华。也无怪乎诗人因此忍不住独倚危栏，对花垂泪。

李商隐在唐文宗开成三年的暮春时节，应试博学鸿词科落第，由长安动身回泾原，留住逆旅，写下了《回中牡丹为雨所败二首》，其一云："下苑他年未可追，西州今日忽相期。水亭暮雨寒犹在，罗荐春香暖不知。舞蝶殷勤收落蕊，佳人惆怅卧遥帷。章台街里芳菲伴，且问宫腰损几枝。"诗的首联即以花起兴，牡丹往年植于曲江苑囿之繁华景象再也看不到了，今天忽然在异乡的西州相遇，暗喻往岁进士登第、曲江游赏、得意尽欢之盛况不再，如今同诗人一样沦落至此，同是天涯沦落人，诗人与牡丹有着惺惺相惜之感。

唐代女诗人鱼玄机的《卖残牡丹》云："临风兴叹落花频，芳意潜消又一春。应为价高人不问，却缘香甚蝶难亲。红英只称生宫里，翠叶那堪染路尘。及至移根上林苑，王孙方恨买无因。"诗人以残牡丹自喻，牡丹在风中纷纷飘落却无人问津，牡丹花太高贵，所以只能孤芳自赏，因为花香太浓，连蜂蝶都不愿亲近。不堪"染路尘"的牡丹最终只能自开自谢。唐代另一女诗人薛涛也有牡丹诗传世："去春零落暮春时，泪湿红笺怨别离。常恐便同巫峡散，因何重有武陵期。传情每向馨香得，不语还应彼此知。只欲栏边安枕席，夜深闲共说相思。"去年的暮春时节，牡丹花凋零了，多情的诗人流下了幽怨的眼泪。对牡丹的思念让诗人真想在篱笆边放上枕席，好在夜深人静的时候与牡丹互诉衷肠。诗人笔下的"牡丹"不再是一种抒情对象的表达，而是高山流水遇知音般的存在。牡丹是诗人的知音，唯有它才读得懂诗人的心迹。

想对东风开病眼，几行和泪洒西花
——国家兴亡的哀鸣

牡丹花也是国家兴亡的一面镜子。首先，由于牡丹花"花开时节动京城"，长安城中男女老少皆往观赏，万人空巷的轰动盛况，造成牡丹花"一丛深色花，十户中人赋"的高昂价格，诗人们看到朝野玩物丧志而不顾百姓稼穑艰难，往往有感而发，讽喻世事，慨叹家国兴亡。

白居易的《牡丹芳》写道："花开花落二十日，一城之人皆若狂。三代以还文胜质，人心重华不重实。重华直至牡丹芳，其来有渐非今日。元和天子忧农桑，恤下动天天降祥。去岁嘉禾生九穗，田中寂寞无人至。今年瑞麦分两歧，君心独喜无人知。无人知，可叹息，我愿暂求造化力，减却牡丹妖艳色。少回卿士爱花心，同似吾君忧稼穑。"

尽管白居易自己也深爱牡丹，但作者情愿"减却牡丹妖艳色"，以期统治阶级能以百姓疾苦为重，不能只顾自己寻欢作乐，为牡丹挥金如土，却不问稼穑艰难。白居易于繁华盛景之中触探凄凉的深邃思想背后，是一颗忧国忧民胸怀天下的赤子之心。这首诗一唱三叹，百转千回，也因其华美与厚重并举的独特艺术魅力而广为传诵，深入民心。从白居易的诗中可见当时文人并没有完全陶醉在牡丹花的美妙之中，他们透过牡丹繁盛的表面现象，敏锐地发现其背后隐藏着的社会问题，通过诗歌表达了他们对劳动人民困苦生活的同情。

唐代王睿的《牡丹》诗，更是蕴藉含蓄，讽喻之意溢于言表："牡丹妖艳乱人心，一国如狂不惜金。曷若东园桃与李，果成无语自成阴？"在诗人眼里，牡丹简直就是一个妖孽，魅惑人心，让举国上下为之癫狂。在诗人看来，妖艳的牡丹还不如东园的桃李，至少它们有果还自成荫，而牡丹除却妖冶一无是处。宋代王溥的《咏牡丹》对牡丹的批判与王诗有异曲同工之妙："枣花至小能成实，桑叶虽柔解吐丝。堪笑牡丹

如斗大，不成一事又空枝。"人们对枣花和桑叶大都不屑一顾，但它们至少有真实的功用，或结果饱人或织衣暖人，而硕大的牡丹唯花无果还空占枝丫，呈现出一种尸位素餐的可鄙形象。

"靖康耻，犹未雪"，宋室南迁，广大士人流落江南，而广袤的中原大地则沦入金人之手。流落之悲与家国之恨成为南宋牡丹诗词的重要主题。牡丹主产区在中原，北宋时期，牡丹玩赏活动趋于极盛，中心在洛阳、开封、陈州等地，在人们的心目中，牡丹已成为国都、中央、中原的象征。当南渡士人流落江南乍睹牡丹之时，一种强烈的漂泊异乡的流落之悲涌上心头："知君流落在天涯，八节滩头忆旧家。想对东风开病眼，几行和泪洛西花。"（周紫芝《王元道剪牡丹见饷二绝·其一》）周紫芝是南渡时期的知名诗人，经历过北宋的繁华，参与过当时的牡丹玩赏活动。当他在南渡过程中和安定下来之后再次见到牡丹时，中原的沦陷所导致的宋室的南迁与个人的流落，一下子涌上心头，激发出深重的黍离之悲，因而写下了这首蕴含着漂泊之感、流落之恨的沉痛诗作。

宋代陈与义的《牡丹》："一自胡尘入汉关，十年伊洛路漫漫。青墩溪畔龙钟客，独立东风看牡丹。"此诗作于绍兴六年，其时距靖康之难已十年。自从金人的铁蹄踏破东都汴梁和西京洛阳，诗人漂泊江南，无家可归。诗人流落在浙江桐乡北的青墩溪畔，十分怀念自己的故乡洛阳。北宋时洛阳盛产牡丹，在家乡时每年都可以看到；如今诗人做了江南的流浪者，当他

在青墩溪畔忽逢牡丹之时，滚滚红尘，十年漂泊，万恨千愁，霎时涌上心头，凝定在独对牡丹的无语凄凉之中。

　　作为一种美丽化身的花卉，牡丹一直受到众人喜爱。在中华民族长期的审美过程中，牡丹始终象征着尊贵、华丽、富贵。古人云：花本无言。古代诗人常借物言志，表达自己的思想情感，而牡丹由于其自身特殊的象征意义更加深受广大文人喜爱。

生无桃李春风面，名在山林处士家

——兰花诗话

"兰，香草也。"（《说文》）"兰之叶如莎首，春则茁，其芽长五六寸，其杪作一花，花甚芬香。大抵生深林之中，微风过之，其香蔼然达于外，故曰：芝兰生于深林，不以无人而不芳。又曰：株秽除兮兰芷睹。以其生深林之下，似慎独也，故称幽兰。兰与蕙甚相类，其一干一花而香有余者，兰；一干五六花而香不足者，蕙。今人称兰为幽兰，蕙为蕙兰。……江南兰只在春芳，荆楚及闽中者，秋复再芳。蕙大抵似兰花，亦春开。兰先而蕙继之，皆柔荑，其端作花。兰一荑一花，蕙一荑五六花，香次于兰。……盖今之兰草，都梁香也。其物可杀虫毒，除不祥，故郑人方春三月，于溱洧之上，士女相与秉兰，而祓除。"（罗愿《尔雅翼·兰》）"兰幽香清远，馥郁袭衣，弥旬不歇，常开于春初，虽冰霜之后，高深自如，故江南以兰为香祖。又云：兰无偶，称为第一香，紫梗青花为上，青梗青花次之，紫梗紫花又次之，余不入品。"（王象晋《群芳谱·兰》）

兰花约 2500 年前在我国古籍中就有记载了。早在《易经》里面就讲到了兰花，"二人同心，其利断金，同

心之言，其臭如兰"。最早把兰花写进诗歌的是《诗经》，如《郑风·溱洧》中吟道，"溱与洧，方涣涣兮。士与女，方秉蕳兮。女曰观乎？士曰既且！且往观乎，洧之外，洵訏且乐。"但这时候，兰花不是今天意义上的兰花，它属于菊科泽兰属佩兰。吴应祥在 1995 年出版的《国兰拾粹》第一章"国兰栽培历史中的几个有趣问题"中，列举大量丰富、翔实的史实资料，进行了充分的论证。指出："今日之兰花，自古有之。不过它的分布是在中华大地的较南部。古代时的黄河流域没有分布。这个'古代'指春秋战国时代，而不是指远古时代。黄河流域是中华民族的发源地。当时的政治、文化中心都在那里。今日之兰花却分布在长江流域及其以南地区，远离当时人类活动中心，因而没有被当时的文人重视，故记载不多。恰巧相反，而泽兰类植物，全国都有分布，黄河流域更不例外。很自然，说到兰，就想到泽兰这一类兰草。"

由此看来，春秋战国时期，兰是指佩兰、泽兰、白芷等具有香味的香草。兰作为一种植物，成为描绘歌颂的对象，并不只是因为其特有的自然属性，而在于它人格化的特质满足了人们托物起兴，寄托情感的需求。孔子最早将兰花引入中国文化范畴，孔子说："与善人居，如入芝兰之室，久而不闻其香"，经常与品德高尚的人相处，就可以受到芝兰香气的影响，其本身的品行也会像兰的香气一样，高雅圣洁。对于兰的欣赏也从单纯的物质审美上升到精神层面。屈原《离骚》中说："余既滋兰之九畹兮，又树蕙之百亩……虽萎绝其亦何伤兮，

哀众芳之芜秽。"表达了洁身自好，孑然为国的决心。事实上，这里指的并非兰花，而是佩兰之类的香草。佩兰属于菊科植物，具有香味。这个时期的兰花文化，其实是香草文化。由于孔子和屈原在中国思想、文学上具重要影响力，他们对兰花的评价基本赋予了中国兰花的高洁文化特性。

　　魏晋南北朝时期，兰花逐渐过渡到特指人工盆栽的墨兰和蕙兰等。兰花的栽培从宫廷栽培扩大到士大夫阶层的私家园林，并用来点缀庭园，美化环境，正如曹植《公宴》一诗中的描写："秋兰被长坂，朱华冒绿池。"这一时期，道家的思想以个人修养的方式进入统治阶层，魏晋玄学的兴起，文人欣赏歌颂的对象转向山水草木，兰花文化快速发展。高洁、优雅的兰花与魏晋风骨结合，兰花得到文人士大夫的喜爱。文人士大夫都归隐山林，过上了"兰花"藏于深山而独自芬芳的生活。此时的兰，不只是单纯的审美对象，而成为表达自我人格的对象。在历代诗歌之中，魏晋描写兰花最多。竹林七贤为代表的文人们纷纷咏兰来抒发自己的志向、畅言自己的情怀，他们善饮酒、好老庄。阮籍笔下的兰，"清露被皋兰，凝霜沾野草。朝为媚少年，夕暮成丑老。自非王子晋，谁能常美好。"（《咏怀八十二首》）感叹时光匆匆；或是"幽兰不可佩，朱草为谁荣"（《咏怀八十二首》）表达对当朝奸臣的痛恨。阮籍在诗文中书写自己的志向，不与世俗同流合污，追求超然物外，像不为世俗所容纳的兰隐身于洁净山野，表达自己放达直率，不矫真情的性格特征。这一时期以陶渊明为代表的田园诗

人将道家思想植根于生活之中，田园中的自然景物无不触发生命感受，"幽兰生前庭，含薰待清风。清风脱然至，见别萧艾中。行行失故路，任道或能通。觉悟当念迁，鸟尽废良弓。"（《饮酒二十首》其十七）诗人在自己的居所中种植幽兰，以此为志，时刻警醒自己的人格操守。嵇康《酒会诗》中有一首是专门咏兰的："猗猗兰蔼，殖彼中原。绿叶幽茂，丽藻丰繁。馥馥蕙芳，顺风而宣。将御椒房，吐薰龙轩。瞻彼秋草，怅矣惟骞。"诗以秋草作比，歌颂了兰的色泽和芳香，强调了馨芬椒房的作用，表达了作者对兰的无比喜爱之情。这一时期，兰花已经成为文人士大夫闲暇之余的消遣，成为日常生活的点缀。兰花也成为诗人笔下的显花。

唐朝时期，兰花的栽培技术不断进步，发展到庭院栽培和花农培植，如唐代大诗人李白写有"幽兰香风远"，"蕙草流芳根"等诗句。有唐一代，盆养兰花已经盛行，专业的养兰技术著作《植兰说》已有梓行发布。唐末杨夔在《植兰说》载："或种兰荃，鄙不遄茂。乃法圃师，汲秽以溉。而兰荃洁净，非类乎众莽。苗既骤悴，根亦旋腐。"这是迄今所知对兰花栽培方法最早的记述。另外，关于兰花栽培方面的记载，还有王维关于"贮兰用黄瓷斗，养以绮石，累年弥盛"之说，郭橐《种树书》的"种兰蕙畏湿，最忌洒水"，等等，由此可见盆养兰花，在唐朝已经盛行。陈子昂写有《感遇》诗，第二首为咏兰诗："兰若生春夏，芊蔚何青青！幽独空林色，朱蕤冒紫茎。迟迟白日晚，袅袅秋风生。岁华尽摇落，芳意竟何成！"首联写兰叶的茂盛，颔联叙兰花

兰茎的艳丽,颈联述兰在秋风中遭到打击,尾联叹兰的一生芳意无人理解。诗人通过对兰的咏叹,寄予自己怀才不遇、壮志难酬之心,绘景述志,寄情深远。唐末诗人唐彦谦《咏兰》被认为最早描写真正兰科植物的诗。其一:"清风摇翠环,凉露滴苍玉。美人胡不纫?幽香霭空谷。"其二:"谢庭漫芳草,楚畹多绿莎。于焉忽相见,岁晏将如何?"诗人描绘兰花,绘形绘貌,逼真生动,借兰花抒发自己情感,文清意浓,寄慨深沉,发人深省。

宋朝时期,中国兰花栽培更加兴盛,艺兰专著得以面世。北宋黄庭坚在《书幽芳亭》中写道:"兰蕙丛出,莳以砂石则茂,沃以汤茗则芳,是所同也。至其发花,一干一花而香有余者兰,一干五七花而香不足者蕙。"把兰和蕙的区别首次明晰地表述出来。《本草衍义》对兰花的记载更为详细:"兰叶阔且韧,长及一二尺,四时常青,花黄绿色,中间瓣上有细紫点。春芳者为春兰,色深;秋芳者为秋兰,色淡。"范成大在《次韵温伯种兰》中讲道"栽培带苔藓,披拂护尘垢",与现在种植翠云草装饰盆面,养护兰花,有异曲同工之妙。南宋末年,伴随着兰花栽培技术的长足发展,相继出现了两本最早的艺兰专著,即赵时庚的《金漳兰谱》和王贵学的《兰谱》。书中详细讲述了福建、广东一带特产兰花的品种、栽培、施肥、灌溉、移植、分株、土质等方面的问题。这两部兰谱是我国也是全世界最早的兰花专著。这时兰花更是深达诗人笔端,明理言志。如苏辙在诗词中常常用兰花来抒发情感阐明哲理。他的《种兰》七律云:

"兰生幽谷无人识，客种东轩遗我香。知有清芬能解秽，更怜细叶巧凌霜。根便密石秋芳草，丛倚修筠午荫凉。欲遣蘼芜共堂下，眼前长见楚词章。"这首诗写出了兰香兰叶、兰根兰丛，也写出了兰艺兰趣。幽兰与高士共处一室，清芬与细叶濡染心灵，末一句表达出多少高洁的志趣！苏辙又有《幽兰花》七绝二首："李径桃溪次第开，秾香百和袭人来。春风欲擅秋风巧，催出幽兰继落梅。"春兰在桃李盛放的季节，继梅花而开花，它靠春风化雨发出幽香，这种幽香和百花的芳香调和，更加芳香袭人。诗人赞美兰花和梅花一样花香袭人。其二："珍重幽兰开一枝，清香耿耿听犹疑。定应欲较香高下，故取群芳竞发时。"诗写出兰香与群芳的浓香"欲较高下"的情况，似乎春兰在这一季节开花，只是为了与群芳竞争。诗人立意高远，将兰的"清香"，兰的"第一枝"放到了卓然特立的地位。"幽花耿耿意羞春，纫佩何人香满身。一寸芳心须自保，长松百尺有为薪。"（苏辙《次韵答人幽兰》）兰花看似纤小，羞春不语，却是芳香馥郁，袭人心腑；长松高逾百尺，招人耳目，结果碎骨折身，落为柴薪。原因就在于一寸芳心，能否自保。以兰为喻，揭出一个生活的真谛。

南宋诗人画家郑思肖在南宋灭亡之后，隐居吴中，为表示自己不忘故国，坐卧都朝南方。常画"露根兰"，笔墨纯净，枝叶萧疏，兰花的根茎不着泥土，隐喻大好河山沦陷，表现自己不与元朝统治者同流合污的气节。往往寥寥数笔，却笔笔血泪。倪瓒曾为其题诗："只有所南心不改，泪泉和墨写《离骚》。"所以，诗人爱兰咏

生无桃李春风面，名在山林处士家——兰花诗话

兰画兰，是通过兰花来展现自己的人格襟抱，在兰花孤芳自赏的贞洁幽美之中，认同自己的一份精神品性。

元代之后，兰花的栽培达到昌盛时期。元代孔静斋《至正直记》中除列述广东、福建兰花外，又提及江西、浙江一带兰花，并指出当时社会上已逐渐重视浙江兰花了。书中所言兰花"喜晴恶日，喜阴恶湿，喜幽恶僻，盖欲干不欲经烈日，欲润不欲多灌水，欲隐不欲处荒萝，欲盛而苗繁则败"，"有竹方培兰，即喜晴恶日，喜幽恶僻之意。"这些对兰花习性和栽培要领的记述，言简意赅，影响深远，直到今天仍具有很高的借鉴和参考价值。元代吴海在《友兰轩记》中评价说："兰有三善：国香一也，幽居二也，不以无人而不芳三也。夫国香则美至矣，幽居则薪于人薄矣，不以无人而不芳则固守而存益深矣。三者君子之德具矣。"概括出兰花三德。诗人们常常通过把兰花比喻为君子来表现自己品质高洁、不媚流俗、淡泊自足、独立不迁，或抒发身处逆境、怀才不遇、壮志未酬的感慨。

明朝时栽培兰花的论著逐渐增多。王世懋的《学圃杂疏》谈及养兰应隔瓷置水以防蚊虫、鼠蚁等侵入。李时珍在《本草纲目》中指出"兰有数种，兰草、泽兰生水旁，山兰，即兰草之生山中者。兰花亦生于山中，与山兰迥别，兰花生近处者，叶如麦门冬而春花，生福建者，叶如菅茅而秋花。"不仅把兰花和其他兰草的区别说明白了，而且也把春兰和秋兰的区别指明了。明代高濂的《遵生八笺》收录了许多民间的养兰秘方，如"种兰奥法""培养四戒""雅尚斋重订逐月护兰诗诀"等。

明代重要的兰花专著还有张应文的《罗篱斋兰谱》，赵时庚（托名）的《兰谱奥法》、鹿亭翁的《兰易》、篁溪子的《兰易十二翼》和《兰史》等。明代"吴中四杰"之一的张羽很喜爱兰花，写了许多赞美兰花的诗，以兰花的高洁和隐幽来比喻自己。他的《咏兰花》："能白更兼黄，无人亦自芳。寸心原不大，容得许多香。"他抓住兰花两大特色——色与香来写，"能白更兼黄"，兰花瓣白蕊黄，素淡清丽；"无人亦自芳"，从人格化的角度称赞兰花之"香"，从形之美推进到内在美，写出兰花独具的品格与文人雅士的志趣。

清代，我国兰花栽培技术日臻完善，艺兰之俗更为昌盛。随着历代谱集和新园艺品种不断出现，涌现出一批具有丰富经验的艺兰大家，他们在总结前人经验的基础上，推陈出新，纷纷写出了很有价值的艺兰专著，陈昊子《花镜》，汪灏《广群芳谱》都对艺兰有详细记载。还有清初鲍薇省的《艺兰杂记》、冒襄的《兰言》、朱克柔的《第一香笔记》、屠用宁的《兰蕙镜》、吴传沄的《艺兰要诀》、张光照的《兴兰谱略》、杨复明的《兰言四种》、许霁楼的《兰蕙同心录》、袁世俊的《兰言述略》、岳梁的《养兰说》、袁忆江的《兰言述略》、区金策的《岭海兰言》等。其中，鲍薇省的《艺兰杂记》，首创兰蕙瓣型学说；袁忆江的《兰言述略》，进一步把江浙一带兰蕙中梅、荷、水仙、素唇瓣之园艺品种分别列出，共达九十八种之多；许霁楼的《兰蕙同心录》，更是在书中附有兰蕙图谱，图文并茂，非常实用。《红楼梦》写斗草一段，香菱

姑娘说"一箭一花为兰,一箭数花为蕙。凡蕙有两枝,上下结花者为兄弟蕙,有并头结花者为夫妻蕙",颇有意思。沈复《浮生六记》也记载:"花以兰为最,取其幽香韵致也,而瓣品之稍堪入谱者,不可多得。兰坡(沈复朋友)临终时,赠余荷瓣素心春兰一盆,皆肩平心阔、茎细瓣净,可以入谱者,余珍如拱璧。值余幕游于外,芸能亲为灌溉,花叶颇茂,不二年,一旦忽萎死。起根视之,皆如白玉,且兰芽勃然,初不可解,以为无福消受,浩叹而已。事后始悉有人欲分不允,故用滚汤灌杀之。"喜欢别人的兰花,想要而不得,竟然把兰花用开水烫死,太让人痛心了。

中国古典诗词中吟咏的兰花是指兰科植物中的兰属植物的部分地生兰,如春兰、惠兰、秋兰、寒兰和墨兰等,这些统称中国兰。兰科植物种类群极其庞大,而兰属植物仅是兰科植物中的一属,中国兰只是兰科植物中的一小部分。兰花是一种风格独异的花卉,它的观赏价值很高。兰花的花色淡雅,其中以嫩绿、黄绿的居多,但尤以素心者为名贵。历代诗人墨客从兰花的香、色、姿态,发现各种兰花之美,尽情赞美。

解脱清香本无染,更因一嗅识真如
——咏兰之香

兰花最早出现在文人笔下,是因为那超凡脱俗的阵阵幽香。尤其是春秋战国时期,兰以香草的身份进入人

们的生活。如:"与善人居,如入芝兰之室,久而不闻其香,即与之化矣。"(《孔子家语》)又如:"民之亲我,欢若父母;好我,芳若芝兰。"(《荀子·王制》)又如:"绿叶兮素枝,芳菲菲兮袭予。"(屈原《九歌·少司命》)又如陶渊明写有咏兰诗:"幽兰生前庭,含薰待清风,清风脱然至,见别萧艾丛。"兰花的香气,清而不浊,一盆在室,芳香四溢。黄庭坚曾说"兰之香盖一国,则曰国香。""手培兰蕊两三栽,日暖风和次第开;坐久不知香在室,推窗时有蝶飞来。"余同麓的这首《咏兰》诗将兰花的幽香表现得淋漓尽致:一是正面感受,笼罩在室内的"久而不知芳"的特殊感受;二是侧面烘托,香溢窗外,吸引来了对花香敏感的蝴蝶。吟咏兰花的同时,寄托了诗人胸怀高远、自信自得的情愫。兰花的花姿有的端庄隽秀,有的雍容华贵,富于变化。兰花的叶终年鲜绿,刚柔兼备,姿态优美,即使不是花期,也像是一件活的艺术品。置几盆兰花,点缀室内,顿觉生机盎然,花开之日,清香阵阵,会使你感到生机勃勃,心旷神怡。"兰生深山中,馥馥吐幽香"(明·陈汝言《兰》);"婀娜花姿碧叶长,风来难隐谷中香"(清·康熙《咏幽兰》);"当门已芬馥,入室更芳菲"(南朝·萧绎《赋得兰泽多芳草》);"着意闻时不肯香,香在无心处"(曹组《卜算子·兰》)。

苏辙的《答琳长老寄幽兰白术黄精三本二绝》:"谷深不见兰生处,追逐微风偶得之。解脱清香本无染,更因一嗅识真如。"写出兰花之香是自然之香,本来纯真,不受沾染,让人一嗅识得兰花真谛,所谓真如指佛教中

永恒常在的实体、实性，宇宙全体，即是一心，不生不灭，故名为真；人之真心，无异无相，故名为如。其实，兰花散发出一阵阵袭人的馨香，或幽远缥缈，或时隐时现，本意是为了吸引昆虫来为它传授花粉，传宗接代，无意之中却征服了无数文人墨客，被称为"国香""祖香""王者香""天下第一香"，香盖百花众卉。兰香不仅高雅、幽远，而且使人去烦荡浊。古诗中就写有"兰生幽谷无人识，客种东轩遗我香。知有清芬能解秽，更怜细叶巧凌霜"。（北宋·苏辙《种兰》）"虽无艳色如娇女，自有幽香似德人。"（元·余同麓《咏兰》）

幽独空林色，朱蕤冒紫茎
——咏兰之色

当兰花被定义为中国兰的时候，人们除欣赏兰花的幽香外，又开始欣赏兰花的花色。如："猗猗秋兰，植彼中阿。有馥其芳，有黄其葩。"（汉·张衡《怨诗》）这是最早写兰花花色的诗歌。又如："兰若生春夏，芊蔚何青青。幽独空林色，朱蕤冒紫茎。"（唐·陈子昂《感遇》）描写了兰花朱红色的花、紫色的茎，色彩美丽，幽然独处，为空寂的山林增色不少。再如艺兰名家沈渊如写有"绿壳周身挂绿筋，绿筋透顶细分明，真青霞晕如烟护，确是真传定素心"。这里描写的是花呈淡绿色，舌瓣净白的素心兰，它有着不同寻常的欣赏价值。

兰花的花色非常丰富，但同时诗人们欣赏的兰花色比较单调，阔叶兰如墨兰、报岁兰等以红褐色居多，细叶兰以绿底有紫红线条为主。对于兰花花色的欣赏，清代许羹梅《兰蕙同心录》记载："色以嫩绿为上，老绿次之，赤转绿更次之。其余赤花，若色俏尚可，如色昏且紫者，最为下等。""泣露光偏乱，含风影自斜；俗人那解此，看叶胜看花。"明代诗人张羽的《咏兰叶》就是形容兰叶婀娜多姿之美的。可见，兰花并不是以其艳丽的色泽吸引人们，而是以淡雅、素净深受世人的青睐。古诗中常用兰花象征人格高洁，除跟它"不以无人而不芳"的内在美德有关外，还和它高雅、素洁的颜色分不开。明代景翩翩《紫兰》："碧玉参差簇紫英，当年剩有国香名。风前漫结幽人佩，澧浦春深寄未成。"诗人开篇就写出了紫兰的花色动人，叶子参差如碧玉，簇拥着紫色的兰花朵朵，仿佛紫英石一般，那样美。

清风摇翠环，凉露滴苍玉
——咏兰之姿

"建兰茎叶肥大，苍翠可爱，其叶独阔。今时多尚之，叶短而花露者尤佳。"（王象晋《群芳谱·兰》）。兰花之所以受人喜欢，除兰花的花形美，还有兰花的叶姿美。"至若朝晖微烘，晓露暗湿，则灼然腾秀，亭然露奇，敛肤傍干，团圆四向，婉媚娇绰，伫立凝思，

如不胜情。"赵时庚《金漳兰谱·叙兰容质第一》中国兰花的植株都是复茎性的，多株丛生为一体。叶均呈披针形带状，叶片色浓绿或翠绿。叶面均有不同程度的角质层，使叶面富有光泽，叶质柔韧，叶片展开的姿态十分优美。而兰的花朵较小，一般直径小于8厘米，花梗直立而挺拔，花梗上方着生一朵花或数朵花。中国兰的花朵虽小，但却包容了梅、荷、水仙、菊、牡丹等名花的花形之美。屈原咏道："秋兰兮麋芜，罗生兮堂下。绿叶兮素枝，芳菲菲兮袭予。"（《九歌·少司命》）一、三两句出神入化地描绘了秋兰的秀叶丽姿：秋兰一丛丛茂盛华美，绿叶婆娑，青翠茂盛，碧绿丛中抽出雪白的花枝，开着雪白的花朵。唐代唐彦谦赞道："清风摇翠环，凉露滴苍玉。"（《咏兰》）清风摇动如佩带的翠环一样下垂的半圆形的带状绿叶，冰凉的露珠滴在如青色玉佩一样的花瓣上。清代许羹梅颂道："广平词赋迥超尘，倾国寒香点额新。春色三分芳讯远，可容借掷卜归人。"（《兰蕙同心录》）点额指古代女子额头上化妆的红点。他把春兰中的宋梅（兰花一种）比喻为佳人额头上刚点的朱砂，用"寒香"代指兰花香。吴文英《蕙兰芳引》："空翠染云，楚山迥故人南北。秀骨冷盈盈，清洗九秋涧绿。奉车旧眄，料未许、千金轻偾。浅笑还不语，蔓草罗裙一幅。素女情多，阿真娇重，唤起空谷。弄野色烟姿，宜扫怨蛾澹墨。光风入户，媚香倾国。湘佩寒，幽梦小窗春足。"词的上片先描述了兰花的形象，那兰草绿得把云彩和涧水都染绿了。兰花像一位娴静的少女一样，只

露出浅浅的笑容却一言不发。过片后作者再以柔美娇嫩的神女比喻兰花,称赞山野中的兰花毫无怨女那种幽怨之态。清人郑燮有《折枝兰》诗曰:"晓风含露不曾干,谁插晶瓶一箭兰。好似杨妃新浴罢,薄罗裙系怯君看。"诗人写折来兰花插入玉瓶,兰花含露,盈盈欲滴,恰似刚出浴的美人杨贵妃,薄系罗裙,姿态动人。

兰花四季常青,挺拔潇洒,姿色俊秀,幽艳吐芳,清雅沁人,历代诗人的咏兰诗更是灿若星河。综观历代咏兰诗,其内容丰富多彩,其艺术风格绮丽各异,但大多"以物喻人,托物明志"。

谁送一怀春思,玉台燕拂菱花
——爱情的象征

最早在诗歌中写到兰花的是《诗经》,共有三首,其中以《郑风·溱洧》最为重要。诗中吟道:"溱与洧,方涣涣兮。士与女,方秉蕳兮。女曰观乎?士曰既且!且往观乎,洧之外,洵訏且乐。维士与女,伊其相谑,赠之以芍药。"此诗以轻松愉悦的笔调,描写了郑国每年仲春二月青年男子与妙龄少女相约去溱、洧两河边游玩的情景,他们秉执兰花,互赠芍药。《左传》有"燕姞梦兰"的记载。郑文公小妾燕姞梦见家祖将一枝兰花送给她,说这是她的儿子。后来燕姞果然生下一子,取名为兰。兰公子经历九死一生之后,终于成为郑国国君,即郑穆公。"梦兰"象征瑞兆,兰为祥瑞之花。

青年男女秉兰春游，兰花，既表示吉祥，又可作为爱情的信物。

元代诗人王士熙《题四爱堂·兰》："余所爱兮崇兰，植之兮堂间。思夫君兮山谷，纫翠佩兮杂青纶。兰芳歇兮日在山，欲从之兮不得闲。"借植在堂的兰花思慕山谷间的兰花，写出爱而不得的苦恼。爱情不只甜蜜，还有相思的痛苦。清代诗人褚华《兰花咏》："苍烟漠漠松篁径，万朵瑶花破春冷。月明老鹤飞上天，美人下山踏花影。晓露洗，东风吹，香雾湿衣君不知。心含幽怨立许久，修蛾绿过湘江湄。"一位美人在月光下沿着松竹夹道的小径走来，她一路踏着兰花的影子，欣赏着月下兰花，直到清晨，那雾露打湿了衣衫，她却浑然不知。面对"万朵瑶花"，她只是满怀幽怨之情痴痴地立在那儿，望着湘江对岸那长长的青山发呆。这位美人在想什么？人们不知道，但人们知道，使她生发出幽怨之情的，正是她所思慕的那满山兰花，那坚贞不渝的爱情信念。兰花的花形别致，造型端庄大气，花香怡人，宛如一位优雅的女子般优美动人。但是这位女子十分典雅，对待爱情始终是一心一意的态度，也正是这一点代表了兰花的高贵品格。毛滂《清平乐·春兰》："曲房青琐，浅笑樱桃破。睡起三竿红日过，冷了沉香残火。东风偏管伊家，剩教那与秾华。谁送一怀春思，玉台燕拂菱花。"写出女子身居幽闺，日上三竿了才懒洋洋地起床，兰花迎风开放，撩动了女子的心弦，禁不住有所思，所思者为谁？诗人不说，却写出春心初萌的爱情憧憬。

冰霜欲来侵九畹，兰兮兰兮竟谁管
——失意者的象征

蔡邕在《琴操·猗兰操》中说："《猗兰操》者，孔子所作也。孔子历聘诸侯，诸侯莫能任。自卫反鲁，过隐谷之中，见芗兰独茂，喟然叹曰：'夫兰当为王者香，今乃独茂，与众草为伍，譬犹贤者不逢时，与鄙夫为伦也。'乃止车援琴鼓之云：'习习谷风，以阴以雨。之子于归，远送于野。何彼苍天，不得其所。逍遥九州，无所定处。世人暗蔽，不知贤者。年纪逝迈，一身将老。'自伤不逢时，托辞于芗兰云。"从中我们可以看出，孔子不愿成为一个隐士，不改变其如兰草一般的高洁志向，却也透露出生不逢时，略有感伤之意。所以，后来落魄失意者多用兰花生深山、无人欣赏而发己之悲伤。明朝朱瞻基（明宣宗）曾仿写了一篇《猗兰操》："兰生幽谷兮，晔晔其芳，贤人在野兮，其道则光。嗟兰之茂兮，众草为伍，於乎贤人兮，汝其予辅。"其创作目的在于"昔孔子自卫反鲁，隐居谷中，见兰之茂，与众草为伍，自伤不逢时，而托为此操。予虑在野之贤有未出者，故拟作焉"。可见统治者也是担心"贤人在野"，希望招纳他们，不使他们失意而伤。

兰花生深山，杂草为伴，不为人知，不为人赏，所以诗人也用兰花埋没于百草，慨叹自己的郁郁不得志。明代叶子奇《塘上闻兰香》："大谷空无人，芝兰花自香。寻根竟不见，茅草如人长。"就非常生动地写出了兰花

虽然自香，但草如人高，无人发现，令人神伤。高启《题王翰林所藏画兰》："春到怀王旧渚宫，沙棠舟去水烟空。孤丛不有幽香发，应没江边百草中。"诗中写春天到了，兰花不香，是为百草所没，如一人空有才华，却只能"泯然众人矣"，更是令人扼腕叹息。清代诗人张士元，归有光弟子，乾隆五十三年考中举人。后久不第。年老授教谕不就，以撰述自娱。多次考不中，失意之余，写《种兰》一诗以明志："兰生杂众草，偃仰衢路旁。草盛占雨露，兰孤无容光。我行适见之，小立还徬徨。不恨草色满，恨兰不善藏。移兰种堂下，茎叶日以长。闭门幽香发，众草将安伤。"

唐代唐彦谦《兰》："清风摇翠环，凉露滴苍玉。美人胡不纫？幽香蔼空谷。"诗人慨叹，这么美的芳兰，美人为什么不"纫秋兰以为佩"，佩戴在身上，让它在身旁永远散发着醉人的浓香，怎么能让它把幽香奉给空谷呢？怎么能让它把幽香奉献给毫无生命的花草树木以及山石呢？诗人的不满情绪溢于言表。"美人"代指君王，芳兰象征那些隐居山野的贤德之人。作者希望唐王朝能"唯才是举，唯才是用"，不致让那些有德有识之士老死山中而不得为国家发挥他们的聪明才智。

郑板桥《山兰》："山上山下都是兰，香芬馥郁是一般。可恨世人薄幸眼，只因高低两样看。"慨叹世人卑俗之眼，势利无比，只因兰花出处不同，便青白相看，兰花悲矣。明代李东阳《观画兰有感作》："冰霜欲来侵九畹，兰兮兰兮竟谁管。"更是直言感慨谁来爱惜人才，培养人才？

芝兰生于幽谷，不以无人而不芳
——君子的象征

中国兰文化的正式确立，始于孔子。他提出，"兰当为王者香"，以兰花的幽贞雅淡、芬芳袭人，来比喻自己的高洁情操。兰花就应该为王者散发它的馨香，优秀的人才应该成为王者的辅助者，即使曲高和寡，独茂壑谷，没人赏爱，也不改其志。在《孔子家语·在厄》中又有这么一句话："芝兰生于深林，不以无人而不芳，君子修道立德，不谓穷困而改节。"意思是说，兰花生长在冷清偏远的山谷之中，却不因缺少他人的观赏而停止芬芳开放；品德高尚的人修身立人，不会因穷苦的境遇而改变自己高尚的品节。孔子用兰花来喻指人的高贵情操和高尚品格。这句话说明中国儒家强调自我修养，"修身"是"平天下"的重要基础。所以，很多人都写了"不以无人而不芳"的诗歌，朱熹《兰涧》诗写道："光风浮碧涧，兰杜日猗猗。竟岁无人采，含薰只自知。"尽管整年都没人来采集我这兰花，但是我还有我自己的清香，我知道自己是优秀的，保持自己的操守，不以穷困而改节。《孔子家语·六本》也有这么一句话："与善人居，如入芝兰之室，久而不闻其香，即与之化矣。与不善人居，如入鲍鱼之肆，久而不闻其臭，亦与之化矣。丹之所藏者赤，漆之所藏者黑，是以君子必慎其所与处者焉。"这句话是说，和品行高尚的人在一起，就像沐浴在种植芝兰充满香气的屋子里一样，时间长了便

闻不到香味，但本身已经充满香气了；和品行低劣的人在一起，就像到了卖鲍鱼的地方，时间长了也闻不到臭了，也是融入环境里了；藏丹的地方时间长了会变红，藏漆的地方时间长了会变黑，也是环境影响使然啊！所以说真正的君子必须谨慎地选择自己所要相处的人。可以说，兰花身上体现了儒家文化的精神。孔子奠定了兰花的君子文化内涵。正如孟子所说，"得志，泽加于民；不得志，修身见于世。穷则独善其身，达则兼善天下"。这也是兰花的品德，兰花即使在无人处也会常青茂盛，绰约多姿，吐蕊芳香。如李白在《于五松山赠南陵常赞府》中赞道："为草当作兰，为木当作松。兰秋香风远，松寒不改容。松兰相因依，萧艾徒丰茸。"兰花，卓尔独立，坚忍不拔，身怀异香，却甘于寂寞，这正是君子所追求的品德与节操。

　　屈原一生竭忠尽智，报效国家，但时运不济，屡遭流放。他以兰为侣，以蕙为伴，写下了大量的咏兰诗句，寄情托意，明志自勉。如《九歌·少司命》："秋兰兮麋芜，罗生兮堂下。绿叶兮素枝，芳菲菲兮袭予。""秋兰兮青青，绿叶兮紫茎。满堂兮美人，忽独与余兮目成。"诗中兰花风姿绰约，生机盎然，芳馨郁郁。明代陈献章《题画兰》："阴崖百草枯，兰蕙多生意。君子居险夷，乃与恒人异。"诗人将生机勃勃的兰蕙与干枯的百草相比，说明兰花的君子品质，超凡脱俗，面对艰难险阻，临危不惧，与普通人不同。杨万里《兰花》："雪径偷开浅碧花，冰根乱吐小红芽。生无桃李春风面，名在山林处士家。政坐国香到朝市，不容霜节老云霞。江蓠圃蕙

非吾耦，付与骚人定等差。"诗中既描绘了兰花的形神姿色，又赞美了兰花的品质情操。表里兼容，面面点到，却又不落俗套。此诗一、二句绘其形色，突出"雪""碧"相映，"冰""红"相衬的色彩之美。三、四句由绘形转而写"神"。先说兰花没有春风桃李的美颜娇容，似有贬义，紧接着却又把兰花比喻为隐居处士，赞其清雅不俗之美。先贬后褒，跌宕成趣。五、六两句，先正面赞其"香"，然后再以菊反衬其香。一正一反，摇曳生姿。最后两句转而由兰花自发议论，以表明兰花清高芳洁。刘克庄的《兰》："深林不语抱幽贞，赖有微风递远馨。开处何妨依藓砌，折来未肯恋金瓶。孤高可挹供诗卷，素淡堪移入卧屏。莫笑门无佳子弟，数枝濯濯映阶庭。"歌颂了兰花的幽贞，甘居山野，情致高洁，不随世俗，正是诗人自己的写照。

只为报春送馨香，不与桃李争宠娇
——隐者的象征

空谷生幽兰，兰花生于幽深之处，默默与丛草为伍。兰花最令人倾倒之处是"幽"，因其生长在深山野谷，洗净绮丽浮艳的姿态，以清婉素淡的香气长葆本性之美。这种不以无人而不芳的"幽"，契合林泉隐士的气质，不求仕途通达、不沽名钓誉、只追求胸中志向的坦荡胸襟，象征着疏远污浊政治、保全自己美好人格的品质。陶渊明爱兰，并弃官归隐，采菊养兰，

并写有咏兰诗："幽兰生前庭，含薰待清风，清风脱然至，见别萧艾丛。"南宋词人向子諲有一首《浣溪沙》："绿玉丛中紫玉条，幽花疏淡更香饶。不将朱粉污高标。空谷佳人宜结伴，贵游公子不能招。小窗相对诵离骚。"兰花清高气正，其品格是"空谷佳人宜结伴，贵游公子不能招"，甘愿归隐山林，也不愿意为人戏弄。

　　兰花是尺草寸花，它是那样弱小，那样平凡。它与丛草为伍，青绿的花朵隐藏在叶子里，不露声色。只有春天到来时，阵阵幽香，才会表明她的存在。她"只为报春送馨气，不与桃李争宠娇"。这正暗合了道家"清静无为"的思想，克制外欲，清神静心，顺应自然，不加强制。北宋词人曹组《卜算子·兰》中，"着意闻时不肯香，香在无心处"，写出了兰花香气淡然的特点。这也正如中国古代隐士们的审美标准，不张扬，不狂傲，不盛气凌人，不乖戾霸道。明代诗人陈汝言有一首《兰》："兰生深山处，馥馥吐幽香。偶为世人赏，移之至高堂。雨露失天时，根株离本乡，虽承爱护力，常养非其方。冬寒霜雪零，绿叶恐雕伤。何如在林壑，时至还自芳。"诗人说，兰花生在深山之中，虽然寒苦，却也自由自在，一旦为人"欣赏"移栽高堂华厦之下，根株离开适宜它生长的土壤，再也得不到自然界中雨露的滋润，这哪里比得上让它自由自在地生长在林壑之间呢？表现了隐者隐于山林的远离世俗、淡泊名利的情怀。

抱香怀古意，恋国忆前身
——爱国情怀的象征

屈原一生都在忧国忧民，他以兰蕙喻自己的爱国情怀，投江而殉国。兰花在他的笔下，也已是爱国志士的象征。"时缤纷以变易兮，又何可以淹留？兰芷变而不芳兮，荃蕙化而为茅。"他将兰作为佩物，表示自己洁身自好的情操，又担心兰在秋风寒露中枯萎而从俗，变节而不芳。宋代张炎在《国香·赋兰》中吟道："空谷幽人，曳冰簪雾带，古色生春。结根未同萧艾，独抱孤贞。自分生涯淡薄，隐蓬蒿、甘老山林。风烟伴憔悴，冷落吴宫，草暗花深。霁痕消蕙雪，向崖阴饮露，应是知心。所思何处，愁满楚水湘云，肯信遗芳千古，尚依依、泽畔行吟。香痕已成梦，短操谁弹，月冷瑶琴。"上片以兰花喻有志文人，通过空谷中兰花的不幸遭遇，表现南宋晚期有志文人的艰难处境；下片写兰花所思念的知音是流芳千古的楚国大夫屈原，他虽被放逐，行吟泽畔，但念念不忘爱国，将古人古事引入兰花的思念中，将兰花化为爱国者的形象。

清代"扬州八怪之一"罗聘在题兰画中说："非素心，即赤心；为名士，为忠臣。香风拂拂，千古为春。"将兰花的花蕊颜色比作人心，素白之心方为名士；赤胆忠心，方为忠臣。宋代抗金将领李纲写过一篇《幽兰赋》，他在序言里说："二兰皆喜生于高山深林，阒寂无人之境，则芬芳郁烈，茂盛而远闻。移而置于轩

庭房室之间，不过一再岁，花益鲜而香益微，盖其天性如此。故古人又以幽兰目之。与夫山林隐遁之士，耿介高洁，不求闻达于人，而风流自著者，亦何以异？"尽管整个北宋王朝不坚持抗金，但是一定要像兰花一样，"蹈山林而长往，友麋鹿而同群，付功名于脱屣，等富贵于浮云，室虽迩而人则远，可得闻而不可见"。李纲借兰花咏怀，表明了自己的人生观、价值观。他认为，无论是春兰还是秋兰，都能够做到"生于高山深林，阒寂无人之境，则芬芳郁烈，茂盛而远闻"。在《幽兰赋》里，他表达了虽然得不到重用，但绝不改变自己坚持抗金的理想，也不改变自己的操守和志向。

郑思肖，宋末元初诗人、画家。宋亡，隐居平江（今江苏苏州）的寺观和陋巷。他悲愤于南宋灭亡，改名为"思肖"，肖字暗指赵宋；改字为"所南"，坐卧必面向南；他题其书斋名"本穴世界"，将"本"字的笔画十移入"穴"字，就构成"大宋"两字。他又好绘画，多画水墨的兰、竹，与他的题诗相辉映，含意深刻，抒发了他对亡宋的怀念之情。所作墨兰，往往疏花简叶，根不着土。别人好奇问他原因，他说："土为番人夺，忍着耶？"嘉定一县吏要他画兰，并以劳役相胁迫，郑思肖昂然以对："手可断，兰不可得也！"在他的画上，经常盖的一方白文大印是："求则不得，不求或与，老眼空阔，清风今古。"其风骨如此！他临死还请好友唐东屿书写牌位"大宋不忠不孝郑思肖"，令后人益发敬重其人品。他的一首《墨兰》诗："钟得至清气，精神欲照人。抱香怀古意，恋国忆前身。空

色微开晓，晴光淡弄香。凄凉如怨望，今日有遗民。"诗人借咏兰花表达了自己的亡国之痛，寄托了自己的爱国情怀，赤子之心浮于纸上。

兰花从进入人们的生活开始，就具有与民族文化心理、人格相关联的象征意义。作为一种人格的象征，它幽香飘逸，高雅素洁，婀娜多姿，它不慕名利、忠贞不渝。今天的我们，都应该从兰花身上汲取道德的力量，从而自觉塑造、升华自身的人格魅力。

接天莲叶无穷碧，映日荷花别样红
——荷花诗话

"荷为芙蕖花，(《尔雅》云：荷，芙蕖。《诗笺》云：芙蕖之茎曰荷)一名水芙蓉(《古今注》云：芙蓉，一名荷花。《杜诗注》云：产于陆者曰木芙蓉，产于水者曰草芙蓉)，一名水芝，一名水芸，一名泽芝，一名水旦，一名水华，一名玉环。""花生池泽中最秀，凡物先华而后实，独此华实齐生，百节疏通，万窍玲珑，亭亭物表，出淤泥而不染，花中之君子也。"(《广群芳谱·卷二十九》)

荷花属睡莲科、莲属，被称为"活化石"，是被子植物中起源最早的种属之一。之所以叫荷花，李时珍在《本草纲目》中解释说："莲茎上负荷叶，叶上负荷花，故名。"荷即"负荷"之意，这里所说的茎，是指荷叶的叶柄。细长的叶柄挺立着，支撑着阔大的荷叶，表现出了极大的负荷能力，故得名。又称芙蓉，亦称"夫蓉"。《尔雅》解释道："芙蓉之含敷蒲也。"《说文解字》云："未发为菡萏，已发为芙蓉。"李时珍也说，芙蓉就是"敷布容艳之意"。由于荷花是多年生宿根水生植物，所以古人将其归为水草类，取名多以"水"

字起头，如：水芝、水花、水芸、水旦、水目、泽芝等。荷花圣洁高雅，此外还有一些雅称，据《北梦琐言》记载，唐代元和年间（806—820年）苏昌远居吴中（今苏州），邂逅一位素衣粉脸女郎，赠给他一枚玉环。不久，他发现自己庭院的水池中有荷花盛开，花蕊中也有一枚同样的玉环，但"折之乃绝"，后人由此又称荷花为玉环。周敦颐称之为君子花，晏几道称之为凌波女等。佛教传入中国后，荷花又别称莲花（此前"莲"只是指荷花的果实莲蓬）。"莲"的得名，《本草纲目》中解释说："莲者，连也，花实相连而生也。"

据古植物学家研究考证，荷在地球上生长的时间比人类祖先的出现（200万年前）早得多。大约西周时期，荷花从湖畔沼泽的野生状态走进了人们的田间池塘。《周书》载有"薮泽已竭，既莲掘藕"。可见，当时荷花已经开始作为食用蔬菜了。到了春秋时期，人们将荷花各部分分别定了专名。中国最早的词典《尔雅》就记有："荷，芙蕖，其茎茄，其叶蕸，其本密，其华菡萏，其实莲，其根藕，其中菂，菂中薏。"李巡说："皆分别莲茎华叶实之名，芙蓉其总名也。"

中国最早的诗歌集《诗经》中就有关于荷花的描述，"山有扶苏，隰有荷华"（《诗经·郑风·山有扶苏》），写出荷花生长在湿洼地、池塘里的习性；《诗经·陈风·泽陂》以"彼泽之陂，有蒲与荷"起兴，烘托像荷花一样美丽动人的女子，以荷花与香蒲比喻男女之间对爱情的执着追求。伟大的爱国诗人屈原在《离骚》中表述自己高洁的追求时，曾经高唱"制芰荷

以为衣兮，集芙蓉以为裳"。可见，当荷花最初走向诗人笔端时，它所代表的就是一种美好、纯洁、高尚和典雅。荷花作为观赏植物引种至园池栽植，最早是在公元前473年，吴王夫差在他的离宫（即苏州灵岩山）为宠妃西施赏荷而修筑的"玩花池"。

汉朝是中国农业空前发展的一个时期，对荷花的栽培发展产生了重要的作用。汉以前，中国的荷花品种均是单瓣型的红莲。到了魏晋，出现了重瓣荷花。西汉时期，乐府歌辞逐渐盛行，由此产生了众多优美的采莲曲谣。其中有《采莲曲》（又称《采莲女》《湖边采莲妇》）等，歌舞者"衣红罗生色绰子，系晕裙，戴云鬟髻，乘彩船，执莲花"（《宋史·乐志十七》），载歌载舞，洋溢着浓烈的生活气息，是中国广大人民最喜爱的民间传统歌舞之一。《汉乐府》中就有歌唱青年男女采莲情趣的民歌："江南可采莲，莲叶何田田，鱼戏莲叶间。鱼戏莲叶东，鱼戏莲叶西，鱼戏莲叶南，鱼戏莲叶北。"此诗可谓我国最早直接描绘荷花形象的诗歌。而最早直接赞美荷花的，当数三国时期的大诗人曹植，他在《芙蓉赋》中高歌道："览百卉之英茂，无斯花之独灵。"

隋唐以后，荷花的栽培技艺进一步提高，同时随着佛教在我国的日渐兴盛，荷花在人们心目中的美好形象也日益加深，荷花已成了诗人们普遍吟咏的对象。有关荷花的诗词、绘画、雕塑、工艺等文化内容更加丰富多彩；在饮食文化中，荷花已进一步成为人们养生保健的名贵补品。同时荷花凭借它的艳丽色彩、绰

约风姿进入了私家园林。如长安城外东南隅有秦汉时宜春苑,隋朝建都长安后,更名为芙蓉园;南宋都城临安(今杭州市)的曲院风荷。尤其是经过贞观之治后,荷花的应用越来越广泛,成为工艺美术家创造的灵感来源。如隋唐时期的瓷器、铜镜等的装饰多采用莲花花纹;金银器上,尤其是盘边缘,多饰以富丽的莲瓣纹,整个风格华丽而真实。此间许多著名诗人都留下了咏荷佳作,如江淹、萧纲、李白、杜甫、韩愈、白居易、李商隐,等等。

宋、元时期,诗人作咏荷诗词已形成高潮。这不能不提到北宋理学家周敦颐所写的《爱莲说》。这篇短文高度概括了荷花的品格:"出淤泥而不染,濯清涟而不妖,中通外直,不蔓不枝,香远益清,亭亭净植,可远观而不可亵玩焉。"文章还得出了"莲,花之君子者也"的结论。此后的文人们,如苏轼、欧阳修、王安石、秦观、李清照、陆游、范成大、杨万里、辛弃疾、元好问、虞集、萨都剌等都有咏荷绝唱。这一时期,画家画荷亦渐成风气,徐熙、赵昌、赵孟頫等著名画家都有画荷作品。

明清时期,随着我国园林艺术的发展,荷花栽培亦进入旺盛时期,几乎凡以水制的园林,都有赏荷景区,如杭州西湖的"曲院风荷"、肇庆星湖的"宝月香荷"、泉州星湖的"星湖荷香"、承德避暑山庄的"香远益清"和"曲水荷香""澄波叠翠"等,北京颐和园、苏州拙政园、扬州瘦西湖、四川新都桂湖、济南大明湖、昆明翠湖等都布置有观荷景点。明清的木版年画

多采用"连(莲)生贵子""连(莲)年有余(鱼)"等荷花吉祥图案，来表达人们的愿望。在中国花文化中，荷花是最有情趣的咏花诗词对象和花鸟画的题材；是最优美多姿的舞蹈素材；也是各种建筑装饰、雕塑工艺及生活器皿上最常用、最美的图案纹饰和造型。文人对荷咏怀寄情，佳作迭出，不逊前朝。如袁宏道、王世贞、张问陶、王士祯、纳兰性德、龚自珍、周济等都写过一些咏荷佳作。一些著名画家如文徵明、徐渭、石涛、郑板桥、陈洪绶、恽寿平、吴昌硕等的荷画，皆为艺苑瑰宝。其中许多画家还作有很好的题画诗，诗画相得益彰，交相辉映。及至近现代，咏荷一直是诗人、画家笔下长盛不衰的题材，优秀作品不胜枚举。

　　据《内观日疏》记载，古人认为农历六月二十四日是荷花生日，宋代已有此俗，明代俗称"荷花生日"，也称"观莲节"。这一天有划船、观莲等活动。人们或在溪畔湖岸观荷纳凉，或乘画船，鸣鼓箫，竞于湖上，以示庆贺。在北方，人们有戴金莲花的习惯。金莲花，其形如蝶，每有微风吹拂，摇荡似飞。少女妇人都争相采之，戴在头上，并传唱："不戴金莲花，不得到仙家。"人们对莲花的喜爱非同一般。正是由于人们对莲花的喜爱，千百年来留下了许多咏莲诗篇。这些咏莲诗作，有的咏荷花，有的咏荷叶，有的咏荷香，各呈纷华。

白裁肪玉瓣，红蔫彩霞笺
——咏荷花

夏日，荷花盛开，荷花的花瓣层层舒展，或洁白如玉，或淡粉如朱，嫩蕊凝珠，清香阵阵，宛如凌波仙子在微风中随风摇曳，时隐时现，粉裳翠裙飘逸着向人们翩翩起舞。

朱自清在《荷塘月色》中把荷花比作"刚出浴的美人"，好多人惊赞不已，其实以美人喻荷花，自古有之，清代诗人纳兰性德的《荷清》："鱼戏叶田田，凫飞唱采莲。白裁肪玉瓣，红蔫彩霞笺。出浴亭亭媚，凌波步步妍。美人怜并蒂，常绣枕函边。"荷花亭亭玉立，婀娜多姿，仿佛美人出浴，踏着碧波，迈着轻步，缓缓而来，惹人爱怜。南宋词人王沂孙的《水龙吟·白莲》把莲花写成了洗尽铅华、冰肌玉骨的贵妃："翠云遥拥环妃，夜深按彻霓裳舞。铅华净洗，涓涓出浴，盈盈解语。太液荒寒，海山依约，断魂何许。甚人间、别有冰肌雪艳，娇无奈、频相顾。"池中盛开的白莲，经词人想象化为杨贵妃的亡魂，荷叶则被比作碧色云彩围绕着正在起舞的贵妃。姿态秀美的白莲，像杨贵妃在烛灯前踏着旋律，向唐皇呈献霓裳舞姿；芙蓉出水的净美也很自然联想到杨妃太液池中出浴的身姿。杨妃为虚，白莲为实，虚实相生，让人感受到的也是白莲绽放时雍容华贵的美。王安石的《荷花》诗："亭亭风露拥川坻，天放妖娆岂自知？一舸超然他

日事，故应将尔当西施。"诗人把荷花比作人间最美的女子西施，而且西施浣纱河畔，有沉鱼之美，以她比荷花，再形象不过了。宋代诗人张文潜的《对莲花戏寄晁应之》："平池碧玉秋波莹，绿云拥扇青瑶柄。水宫仙女斗红妆，轻步凌波踏明镜。"诗人以绿荷叶衬荷花，形象优美，诗的前两句写荷叶如绿云摇扇，碧波荡漾；后两句写莲花如水宫仙子，轻步踏波，争红斗艳。采用新奇的比喻，生动地描绘了荷叶荷花的美好形象。宋代诗人杜衍的《雨中荷花》写雨中的荷花，"翠盖佳人临水立，檀粉不匀香汗湿"，荷花如佳人在如翠盖的荷叶陪伴下临水而立，花容在雨中红粉不匀香汗湿润，诗人用拟人的手法，把荷花比作临水佳人，写出了雨中荷花的娇羞之态。宋代诗人杨万里的《月下看白莲》："十里荷花带月看，花和月色一般般。只应舞彻霓裳曲，宫女三千下广寒。"朦胧的月光之下，十里荷花，花月一色，诗人看到月下的白莲，不禁想到当年唐宫里杨贵妃和宫里的三千宫女，齐跳霓裳羽衣舞的盛景，但诗人又把满塘荷花看作广寒宫的嫦娥临凡，舒广袖，翩翩起舞，真是美不胜收。杨万里还有一首《莲花》诗，描写一池塘红白荷花盛开的美景："红白莲花开共塘，两般颜色一般香。恰似汉殿三千女，半是浓妆半淡妆。"诗人静立岸边，看到池塘里红莲白莲你挨着我，我挨着你，跻身一处，竞艳争芳，荷风送爽，荷香扑鼻，荷之半浓半淡的佳丽形象楚楚动人。更将红白莲花比作汉皇宫中的无数美女，她们有的浓妆重彩，有的淡妆清丽。诗人以生动形象的比喻

描绘出了莲花婀娜的身段、窈窕的仪容与妆饰。南宋诗人范成大《立秋后二日泛舟越来溪》:"西风初入小溪帆,旋织波纹绉浅蓝。行入闹荷无水面,红莲沉醉白莲酣。"诗人泛舟溪中,西风从小溪吹到湖面,再吹到荷塘,使红白莲花随风摇摆,似醉酒的美女。传神地写出了荷花艳丽的外表与娇憨之态。元代诗人完颜畴在《池莲》中,则由近到远地描绘荷花姿容:"轻轻资质淡娟娟,点缀圆池亦可怜。""轻轻资质淡娟娟",写出了荷花的轻淡秀丽,惹人怜惜,别有一番情趣。

荷生绿泉中,碧叶齐如规
——咏荷叶

不仅荷花仪态万千,香气宜人,荷叶也很美。在古诗词中,也有许多赞美荷叶的佳作。汉代的乐府诗《江南曲》是我国咏荷叶最早的诗歌了,诗中写道:"江南可采莲,莲叶何田田。""田田"形容荷叶浮在水面上紧密相连的样子,形象生动。

晋代诗人张华的《咏荷》:"荷生绿泉中,碧叶齐如规。回风荡流雾,珠水逐条垂。"写荷叶繁茂之状,荷叶碧绿圆齐,恰似圆规所裁就。随风摇摆,薄雾流动,露珠随着叶脉流动,滴到水中。诗人观察细致,描绘生动,表现了荷叶的形态美。唐代诗人郭震的《莲花》一诗,更是生动地勾勒出荷花荷叶顺乎自然、不假雕饰的风度:"脸腻香薰似有情,世间何物比轻盈。

湘妃雨后来池看，碧玉盘中弄水晶。"诗的前两句写荷花颜色艳丽，香气袭人，似有情意，世上没有什么花木能比得上它的轻盈美丽。后两句写荷叶，形象优美。雨后荷叶上的水珠就像碧玉盘上的水晶一样晶莹剔透，连湘妃娥皇、女英也临池欣赏。展现了荷叶的迷人风姿。宋代张炎《疏影·咏荷叶》："碧圆自洁。向浅洲远渚，亭亭清绝。犹有遗簪，不展秋心，能卷几多炎热。鸳鸯密语同倾盖，且莫与、浣纱人说。恐怨歌、忽断花风，碎却翠云千叠。回首当年汉舞，怕飞去、漫皱留仙裙折。恋恋青衫，犹染枯香，还叹鬓丝飘雪。盘心清露如铅水，又一夜、西风吹折。喜净看、匹练秋光，倒泻半湖明月。"全词处处写荷叶，而又不滞于荷叶，色彩鲜明，清丽流畅，洋溢着积极乐观的情绪。通过咏叹荷叶的高洁自持，取其出淤泥而不染的品性，隐喻着词人洁身自好的情志。上片妙笔描绘荷叶之芳姿，富有情趣。重点写荷叶之形，开头三句写舒展的荷叶亭亭玉立向远处铺展的情景。"犹有遗簪"三句写刚出水面之嫩叶卷曲未伸展的情景，上下兼顾。"鸳鸯密语"以下写荷叶给自然界带来的欢欣及对荷叶的怜惜之情。下片作者赋予荷叶以深刻内涵，其思之珍贵在于用暗喻回首往昔盛事，表现对故国繁华的眷恋之情。"恋恋青衫"五句抒年岁已老而一事无成之慨叹。末几句见荷叶被秋风所折却依旧生活在清净圣洁的环境之中的情形，暗喻自己高洁自守，表白终老林泉的心迹。全篇写景如绘，物我交融，情蕴深永。

北宋词人周邦彦的《苏幕遮》，写雨后荷叶，生动传神："燎沉香，消溽暑。鸟雀呼晴，侵晓窥檐语。叶上初阳干宿雨，水面清圆，一一风荷举。"这首词以描绘荷花的风神而著称于世，被王国维誉为"真能得荷之神理者"。诗歌以雨后荷花为描绘对象，三言两语，便使雨后荷塘的美景一一尽现。

　　我国民间长期流传着这样的谚语："荷花虽好，也要绿叶扶持。"唐代诗人李商隐的《赠荷花》，赞美荷叶荷花的相互交映，形象地表现了这一谚语："世间花叶不相伦，花入金盆叶作尘。惟有绿荷红菡萏，卷舒开合任天真。"诗人以清新明晰的语言，描绘出荷花花、叶相映的绚丽。再如欧阳修的《荷叶》："池面风来波潋潋，波间露下叶田田。谁于水面张青盖，罩却红妆唱采莲。"将荷叶护花、荷花贴水映日的动人景象描绘得栩栩如生。

荷花锦铺香十里，琳宫宝刹如迎逢
——咏荷香

　　荷花的香气是夏日群芳香气的代表，李渔的《芙蕖》描写道："可鼻，则有荷叶之清香，荷花之异馥；避暑而暑为之退，纳凉而凉逐之生。"孟浩然在《夏日南亭怀辛大》中吟诵，"荷风送香气，竹露滴清响"，可见荷花香气之宜人。卢照邻在《曲池荷》中写道："浮香绕曲岸，圆影覆华池。"未到荷塘，先闻其香。

· 125 ·

曲折的池岸泛着阵阵清香，方知荷花盛开，月光笼罩着荷池。花与影和谐相生，影影绰绰，莫能分解。写荷的诗作不在少数，而这首诗采取侧面写法，以香夺人，不着意描绘其优美的形态和动人的纯洁，却传出了月下荷花的神韵。宋代诗人杜衍的《雨中荷花》的名句"檀粉不匀香汗湿"，写出荷花之香如美人淡施朱粉，香汗湿润，让人浮想联翩。宋朝万俟咏《芰荷香》写荷香最传神动人："小潇湘。正天影倒碧，波面容光。水仙朝罢，间列绿盖红幢。吹风细雨，荡十顷、浥浥清香。人在水精中央。霜绡雾縠，襟袂收凉。款放轻舟闹红里，有蜻蜓点水，交颈鸳鸯。翠阴密处，曾觅相并青房。晚霞散绮，泛远净、一叶鸣榔。拟去尽促雕觞。歌云未断，月上飞梁。""浥浥清香"，既写出荷花香气浓郁，更写出细雨之中，香气缭绕，香雾弥漫的荷花之美。明代文森的《忆西湖次韵》中，"荷花锦铺香十里，琳宫宝刹如迎逢"，写出毕竟西湖六月中，荷花香气十里，让人向往。

最有意思的是宋代刘挚，他在《湖上口号三首·其三》中写道："绿荷深不见湖光，万柄清风动晓凉。莫恨红葩犹未烂，叶香元自胜花香。""叶香元自胜花香"，刘挚认为荷叶的香味胜过荷花的香味，表达了对荷叶的极度喜爱之情。红花有红花之美，绿叶有绿叶之美。花美不应当也不可能代替叶美，叶美也无须作为陪衬方美。简而言之，绿叶自有绿叶之美。为花，自然可喜可贺；为叶，亦大可不必自惭形秽。花，固然招人喜爱；叶，亦有其可爱之处。其实荷叶荷花的

香气是一样的，淡淡之中，都有夺人心魄的魅力。

千百年来，荷花不断出现在诗人的笔端，诗人除了赞美荷花之美，更重要的是借荷花抒发自己的情感，表达自己的情怀。

荷叶罗裙一色裁，芙蓉向脸两边开
——青春佳人的象征

古代诗词中常用莲花代表佳人形象。用荷花比喻女子由"形似"渐至"神似"。如傅玄《美女篇》中的"美人一何丽，颜若芙蓉花"，即用芙蓉比喻美人。用荷花比喻女子皆取自荷花之姿色，即红、丽、艳。这与早期审美的质朴、直观有关。荷花之花色与女子的容颜有视觉上的相似性，"著粉则太白，施朱则太赤"（《登徒子好色赋》）。特别是唐诗中，以荷花比喻女子的诗作比比皆是，如杨万里《诚斋诗话》："白乐天女道士诗云：'姑山半峰雪，瑶水一枝莲。'此以花比美人也。东坡《海棠》云：'朱唇得酒晕生脸，翠袖卷纱红映肉。'此以美妇人比花也。"再如李端《赠郭驸马》，"芙蓉出水妒花钿"，借用佛教"芙蓉出水"这一词语来形容女子容颜的清新脱俗。荷花清新脱俗的气质以及神韵进入诗人作品中，就用以比喻女子的贞洁自守。如李绅《莺莺歌》："黄姑上天阿姆在，寂寞霜姿素莲质。"曹邺《筑城三首》："郎有蘼芜心，妾有芙蓉质。"诗中的"蘼芜心""芙蓉质"弱化了荷花的自然色相，

而注重内在品格。这是以荷花比喻女子由形似到神似的一个演化过程。

王昌龄的《采莲曲二首·其二》刻画田田荷叶之中、艳艳荷花之下采莲少女的美丽形象，意境优美，情调欢快。"荷叶罗裙一色裁，芙蓉向脸两边开。乱入池中看不见，闻歌始觉有人来。"一、二两句写诗人伫立凝望，见到荷塘中采莲女与荷花人、花一体，难以分辨的情景。罗裙舒展，绿如荷叶，宛见采莲少女亭亭玉立之姿；笑脸相迎，艳若荷花，如睹采莲少女欢声笑语之态。荷叶罗裙，人面荷花，浑然一体，相映成趣，乍一看去，几乎分辨不清孰为荷叶，孰为罗裙，哪是荷花，哪是脸庞。这些采莲女子简直就成了美丽大自然的一部分，或者说竟是荷花精灵！三、四两句写诗人眼花缭乱之际，走神错意之时的意外发现，展示青春少女的无限活力。采莲少女与绿荷红莲融为一体，忽然不见踪影，诗人踟蹰怅惘，惊奇不已。可是，没过多久，莲塘之中歌声四起，热闹非凡，诗人这才恍然大悟，原来那些"看不见"的采莲女子仍然在这绿叶红花的荷塘之中，仿佛是和诗人这样的观望者开了个玩笑。诗人笔下的江南采莲女，聪明美丽，天真活泼，出没绿波红花之中，歌唱劳动，歌唱生活，洋溢着青春活力。从她们身上，我们看到了一种如荷飘香、如花美丽的青春风采。再如宋代杜衍《莲花》："凿破苍苔作小池，芰荷分得绿参差。晓来一朵烟波上，似画真妃出浴时。"写的是莲美如画，如出浴的真妃。

想是鸳鸯头白死,双魂化作好花来
——爱情的象征

在《诗经》中提及莲花的诗篇有三首,分别是《郑风·山有扶苏》《邶风·简兮》《陈风·泽陂》,荷花一出现在诗歌中,就确定了其象征爱情的模式。如《陈风·泽陂》:"彼泽之陂,有蒲与荷。有美一人,伤如之何?寤寐无为,涕泗滂沱。彼泽之陂,有蒲与蕑。有美一人,硕大且卷。寤寐无为,中心悁悁。彼泽之陂,有蒲菡萏。有美一人,硕大且俨。寤寐无为,辗转伏枕。"郑笺云:"蒲喻男,荷喻女。"以荷花比喻女子是基于荷花的自然属性,中国古代荷花属于野生红莲,花色艳丽,花茎硕大,所以,人们自然而然会用形容荷花繁盛的词语来形容他们心目中的美人;再者,闻一多先生在《匡斋尺牍》中论证《诗经·芣苢》时曾说,先民寻求多子的心理使得他们将崇拜的心理投向生殖力旺盛的动植物,莲花秋天结莲蓬,莲蓬多子,也是女性生殖力的象征。基于此,荷花象征女性以及荷花与情爱的隐喻关系初步确定,之后在此基础上不断演化丰富。另外由于"莲"与"怜"同音,所以古诗中有不少写莲的诗句,借以表达爱情。在六朝乐府《子夜夏歌》中就有"乘月采芙蓉,夜夜得莲子"。用"莲"字谐"怜"字音,暗指对情人的爱恋,借采莲一事来表达爱情。南朝乐府《西洲曲》:"采莲南塘秋,莲花过人头,低头弄莲子,莲子清如水。置莲怀袖中,

莲心彻底红。忆郎郎不至,仰首望飞鸿。"这里利用中国诗歌语言的谐音转义的特点,如"莲"与"怜","荷"与"合""和","藕"与"偶","芙蓉"与"夫容","芙蕖"与"夫去"等,都是谐音相关。"莲子"即"怜子","清"即"情"。这些诗句虚实结合,谐音双关,表达了对所爱的男子深长的思念。孟郊的《怨诗》借荷花来抒发女主人公愁苦深重的相思之情:"试妾与君泪,两处滴池水。看取芙蓉花,今年为谁死!"滴泪成池,泪淹芙蓉,见证爱情,此等痴心透骨的情语非性情中人断不能说出。"解道芙蓉胜妾容,故来江上采芙蓉。檀郎何事偏无赖,不看芙蓉却看侬。"明代诗人沈野的这首《采莲曲》,以娇嗔的语言来写男女爱恋之情,清新活泼。

  荷花有一种一茎双花的,被称作"同心莲",也称作"并蒂莲",被视为情人或夫妻的象征。如乐府诗《青阳渡》:"青荷盖绿水,芙蓉披红鲜。下有并根藕,上有并头莲。"宋代僧人仲殊在《荷花》中道:"想是鸳鸯头白死,双魂化作好花来。"鸳鸯死后双魂化作并蒂莲,恰如"在天愿作比翼鸟,在地愿为连理枝"的荷花式表达。隋代杜公瞻《咏同心芙蓉》:"灼灼荷花瑞,亭亭出水中。一茎孤引绿,双影共分红。色夺歌人脸,香乱舞衣风。名莲自可念,况复两心同。"诗人巧用谐音和双关,"两心同",既写荷花同心,又写人同心。唐代姚合《咏南池嘉莲》有"芙蓉池里叶田田,一本双花照碧泉。浓浓共妍香各散,东西分艳蒂相连",刘商《咏双开莲花》中的"菡萏新花晓并开,浓妆美笑

面相隈"也是借之比爱情。

金代诗人元好问的《摸鱼儿·问莲根》一词,更是用并蒂莲喻坚贞爱情:

"问莲根、有丝多少,莲心知为谁苦?双花脉脉娇相向,只是旧家儿女。天已许。甚不教、白头生死鸳鸯浦?夕阳无语。算谢客烟中,湘妃江上,未是断肠处。

"香奁梦,好在灵芝瑞露。人间俯仰今古。海枯石烂情缘在,幽恨不埋黄土。相思树,流年度,无端又被西风误。兰舟少住。怕载酒重来,红衣半落,狼藉卧风雨。"

词人在小序中为我们讲述了一个凄切哀婉的爱情故事。"泰和中,大名民家小儿女,有以私情不如意赴水者,官为踪迹之,无见也。其后踏藕者得二尸水中,衣服仍可验,其事乃白。是岁,此陂荷花开,无不并蒂者。"故事哀婉,令人动情。这首词就是词人闻听此事后,抒发感慨,向为争取爱情自由而牺牲的青年男女表示同情。连根之藕,有丝多少?并蒂之莲,心为谁苦?这"莲"便是爱怜之"怜",这"丝"便是相思之"思",这相依相向的两朵红莲,正是为自由恋爱以死抗争的一对民家儿女的化身!天意已让他们死后不再分离,为什么人世却容不得他们的真诚相爱?与他们相比,娥皇、女英湘江殉舜之类的大悲之事也算不得凄绝尘寰了,但他们身虽死,而那如灵芝瑞露般纯洁的爱情,海枯石烂永不磨灭;他们一腔悲愤,决不想让黄土情种仍受到腐恶势力的摧残,词人真怕不及时吊祭,以后重来面对落红狼藉,不免更增几分悲凉之意呢！全词情真意切，情潮起伏，凄婉中饱含激愤，读来荡气回肠，令人感慨万端。

开花浊水中，抱性一何洁
——高洁君子的象征

屈原在《离骚》中往往借香草美人的芳洁，象征自己内在的美好，从而表明自己与当时昏暗政治不同流合污。屈原"制芰荷以为衣兮，集芙蓉以为裳；不吾知其亦已兮，苟余情其信芳"。又如在《湘君》中："采薜荔兮水中，搴芙蓉兮木末。"《湘夫人》："筑室兮水中，葺之兮荷盖……芷葺兮荷屋，缭之兮杜衡。"诗句里屈原住在"荷屋"里，着"荷衣"、采"香花"的高洁志趣与恶俗的世俗相去甚远，莲花成为诗人对理想的一种憧憬，荷花被诗人雕琢成一个完美且不与世俗同流合污的高洁的自我形象。荷花以其芬芳馥郁的气味以及明艳美丽的外表成为屈原用来象征自己美好品性的象征物之一。

宋代周敦颐说，"莲，花之君子者也"。自此，莲成为君子的象征，它代表着文人品性的高洁、美好，更强调文人人格内在的追求。清代叶申芗《荷叶杯·盆莲》："宛尔红情绿意，并蒂，尺许小盆池。双心千瓣斗鲜奇，出水不沾泥。试问花中何比？君子，风度胜张郎。碧纱窗下晚风凉，花叶两俱香。"叶申芗是林则徐姻亲。嘉庆十四年进士，为官清廉，积劳成疾，

病逝于河南任上，民皆德之。林则徐赠诗曰"家世三传皆玉署。"叶申芗写这一朵并蒂莲开得鲜奇，送来花香，出水不染，它难道不是君子形象的写照吗？实际上是叶申芗借荷花自况，写出自己的心志。又如苏辙的《盆池白莲》中有"白莲生淤泥，清浊不相干"，包恢的《莲花》中有"暴之烈日无改色，生于浊水不受污。疑如娇媚弱女子，乃似刚正奇丈夫。有色无香或无实，三种俱全为第一。实里中怀独苦心，富贵花非君子匹"，以凛然、刚直的君子形象比拟荷花。再如周密的《声声慢·逃禅作菊、桂、秋荷，目之曰三逸》："三十六宫秋好，看扶疏仙影，伴月长闲。宝络风流，何如细蕊堪餐。幽香未应便减，傲清霜、正自宜看。吟思远，负东篱、还赋小山。"也是对莲花傲然不屈的独立人格的体认，都是将荷花比作君子的佳作，是君子莲刚直、美好的品性的体现，是士大夫精神意趣的投射。

荷花的高洁与梅、竹、松的象征意义大体相同，是高洁之志的象征。如李白《古风十九首》"素手把芙蓉，虚步蹑太清"，诗人幻想自己飘游于西岳华山的莲花峰上，碰见的玉女是"手把芙蓉，凌空而行"。这里为什么是"手把芙蓉"而不是他物呢？就是因为人们向来认为"莲之出淤泥而不染"的高洁正好寄寓了诗人的不肯"摧眉折腰事权贵"的高尚情怀。再如陆龟蒙的《白莲》，他写："素花多蒙别艳欺，此花端合在瑶池。无情有恨何人觉？月晓风清欲堕时。"诗中就推崇它的品格像瑶池仙子，与一般凡花俗卉不同。

即使很少人赏识它，任它自开自落，但白莲仍绽放着自己的美丽，它那纯洁之色，它那婷婷之态，它那"出淤泥而不染"的品格，只要有晓月清风做伴，又何损于它的美丽呢？诗人好咏莲，贺铸的《踏莎行》则借莲感叹自己的际遇："断无蜂蝶慕幽香，红衣脱尽芳心苦。"莲长于偏僻柳塘，无人知道，无蜂蝶来访，它的"芳"就在于孤芳自赏，自嗟自叹。莲花高洁，不肯嫁春风，实是贺铸不肯阿谀权贵的写照。最后莲之"无端却被秋风误"，与贺铸郁郁终生也是吻合的。

　　唐朝的郭恭《秋池一枝莲》："秋至皆零落，凌波独吐红。托根方得所，未肯即随风。"诗人用反衬手法写出了碧绿的水面上一枝红莲独秀，红绿相衬的情景，绘景如画。描写充满动景，用一"吐"字，化静为动，让人联想到莲花慢慢绽放的情状。采用拟人化的比喻，将莲花比作"凌波微步"的仙子，给人以无尽的美的想象。"独"字写出了莲花在秋风中独自绽放的景象，显示了莲花与众花不同的高洁品质，独立寒波，坚强吐红，令人钦佩。宋代诗人苏辙更为追慕莲的高洁："白莲生淤泥，清浊不相干"（《盆池白莲》），"开花浊水中，抱性一何洁！朱槛月明时，清香为谁发？"（《和文与可洋州园亭三十咏·其二十二菡萏轩》）。张潮《幽梦影》云："梅令人高，兰令人幽，菊令人野，莲令人淡……"喜爱"出淤泥而不染"的文人不愿意同流合污，他们淡泊名利，憧憬远离官场尔虞我诈的淡雅生活。荷花在后期的不断丰富发展中也渐渐开始象征隐士。如谢枋得的《题庆全庵》："莲如君子甘离世，菊似逸民难出山。"

采之欲遗谁？所思在远道
——相思愁苦的象征

《古诗十九首》中的《涉江采芙蓉》，借助他乡游子和家乡思妇采集芙蓉来表达相互之间的思念之情，深刻地反映了游子、思妇的现实生活与精神生活的痛苦。"涉江采芙蓉，兰泽多芳草。采之欲遗谁？所思在远道。还顾望旧乡，长路漫浩浩。同心而离居，忧伤以终老。"按江南民歌所常用的谐音双关手法，"芙蓉"谐音"夫容"，女主人公思念的丈夫，却远在天涯！她徒然采摘了象征美好的芙蓉，却难以送给心上人。抒写了女主人公独自思夫的忧伤。

王勃的《采莲曲》："相思苦，佳期不可驻。塞外征夫犹未还，江南采莲今已暮。"即为女子思念远在塞外征战的夫婿，再如孟郊的《怨诗》："试妾与君泪，两处滴池水。看取芙蓉花，今年为谁死！"两地相思的闲愁苦恨是看不见摸不着的，也是没大小、没体积、不具形象的东西，测定起来很不容易，可是诗中女主人公却异想天开：试把我们两个人的眼泪，分别滴在荷花池中，看一看今夏美丽的荷花被谁的泪水浸泡而死。显然，在她心目中，谁滴的泪多，谁的泪更苦涩，荷花就将为谁而"死"，那么，谁的相思之情更深，自然也就测定出来了。比试滴泪，滴泪成池，泪淹芙蓉，见证爱情，此等痴心透骨的情语非性情中人不能设想。出淤泥而不染的"芙蓉花"成了男女主人公相思离情

接天莲叶无穷碧，映日荷花别样红——荷花诗话

的可靠见证。李商隐的《板桥晓别》化用典故，抒写情人的离别苦情。"回望高城落晓河，长亭窗户压微波。水仙欲上鲤鱼去，一夜芙蓉红泪多。"一、二两句远眺近观，点明离别的时间、地点和朦胧奇幻的环境氛围。三、四两句分别化用典故写行者和送者。"水仙"句暗用琴高事。《列仙传》上说，琴高是战国时赵人，行神仙道术，曾乘赤鲤来，留月余复入水而去，诗人此处把远行之人比作乘鲤凌波而去的水仙，化实为虚，奇幻天真。"红泪"句暗用薛灵芸事。据《拾遗记》记载，魏文帝美人薛灵芸离别父母登车上路，用玉唾壶承泪，壶呈红色，到了京师壶中泪凝如血。诗人此处将女主人公暗喻为水中芙蓉，以表现她的红润美艳；又由红色芙蓉进而想象出她的泪也应该是"红泪"。这样，一朵艳艳芙蓉勾画出了俏丽佳人泣血神伤的情景。

宋代女词人李清照的《一剪梅》"红藕香残玉簟秋"，同样借荷花的凋残诉尽了离愁别绪、相思之苦。词人写得婉约细腻，刻画得真实感人，词中透着男女之间的相思、倾心。姚燧《普天乐》："芙蓉谢，冷雨青灯读书舍，怕离别又早离别？"有相同怀念之情和凄美意境。作者笔下的荷花带着如水般的柔情浪漫和缠绵相思的爱情之美之痛。

莲荷在中国古诗词中出现频率是很高的。自《诗经》中以莲起兴，就奠定了荷花与爱情的类比关系。《楚辞》则奠定了我国文学中荷花与文人及其政治命运之间的类比关系。自此以后，莲荷在中国文学大观园里逐渐发展繁荣，荷花成为大自然赋予中国文学独

特的审美物象。无论是咏荷之美好,还是叹荷之颓败,或是赞莲之高洁,荷花作为一种典型意象已不再是单纯的景物,而是一种情感的象征。

接天莲叶无穷碧,映日荷花别样红——荷花诗话

何须浅碧深红色，自是花中第一流
——桂花诗话

"椒桂，阳星之精所生也。"《春秋纬·运斗枢》"桂，南方奇木，上药也。桂林以地名，地实不产，而出于宾、宜州，凡木叶心皆一纵理，独桂有两纹。形如圭，制字者意或出此。"（范成大《桂海虞衡志》）"桂出合浦，生必以高山之巅，冬夏常青。其类自为林，间无杂树。交趾置桂园。桂有三种：叶如柏叶皮赤者为丹桂，叶似柿叶者为菌桂，叶似枇杷叶者为牡桂。"（嵇含《南方草木状》）"岩桂似菌桂而稍异，叶有锯齿如枇杷叶而粗涩者，有无锯齿如栀子叶而光洁者，丛生岩岭间，谓之岩桂。俗呼为木樨，其花有白者名银桂，黄者名金桂，红者名丹桂。有秋花者、春花者、四季花者、逐月花者，花四出或重台，径二三分，瓣小而圆，皮薄而不辣不堪入药。花可入茶，酒浸盐蜜作香茶及面药泽发之类。天竺桂，即今闽粤浙中山桂，台州天竺最多。生子如莲实，或二或三，离离下垂。天竺僧称为月桂，其花时常不绝，枝头叶底依稀数点，亦异种也。"（王象晋《群芳谱》）

桂花，木樨科木樨属，常绿灌木或小乔木，生长在

温带。叶对生，多呈椭圆或长椭圆形，经冬不凋，树叶叶面光滑，革质，叶边缘有锯齿。花生叶腑间，簇生，花冠合瓣四裂，形小，有乳白、黄、橙红等色。其园艺品种繁多，最具代表性的有金桂、银桂、丹桂、月桂等。桂花是中国传统名花，桂花清可绝尘，浓能远溢，堪称一绝。尤其是仲秋时节，丛桂怒放，夜静轮圆之际，把酒赏桂，阵香扑鼻，令人神清气爽。

桂花终年常绿，枝繁叶茂，秋季开花，芳香四溢，可谓"独占三秋压群芳"。在中国古典园林中，桂花常与建筑物、山石相配，且常用对植，古称"双桂当庭"或"双桂留芳"。在住宅四旁或窗前栽植桂花树，能收到金风送香的效果。取"蟾宫折桂"之意，学府校园也大量地种植桂花。

桂花自古以来，有很多美称。因为叶子像"圭"（古玉器名，长条形，上圆或剑头形，下方）而称"桂"；纹理如犀，又叫木樨；桂花树又被称为"仙树""花中月老"。桂花通常生长在岩岭上，也叫"岩桂"；其清雅高洁，香飘四溢，被称为"仙友"。宋人张邦基说："木樨花江浙多有之，清芬沤郁，余花所不及也。一种色黄，深而花大，香尤烈；一种色白，浅而花小者，香短。清晓朔风，香来鼻观，真天芬仙馥也，湖南呼九里香。"（《墨庄漫录》）因此有"九里香"的美称。宋朝张景修称桂花为"仙客"。桂花开于秋天，所以也称"秋香"，旧说秋之神主西方，又称"西香"；黄花细如粟，故又有"金粟"之名。据《花史》记载："无瑕尝着素裳折桂。明年开花，洁白如玉，女伴折取，簪髻号无瑕玉花。"

因此，也称"无瑕玉花"。

中国是桂花的故乡，栽培历史悠久，据有关文字记载，已有2500多年的历史了。早在春秋战国时期，《山海经·南山经》中提到"招摇之山……多桂"；《山海经·西山经》中提到"皋涂之山……多桂木"。屈原在《九歌》中写道："援北斗兮酌桂浆，辛夷车兮结桂旗。"《吕氏春秋》中称赞："物之美者，招摇之桂。"东汉袁康等辑录的《越绝书》中载有计倪答越王之话语："桂实生桂，桐实生桐。"由此可见，自古以来，桂花就走进了人们的生活。

汉代时我国开始人工栽培桂花，桂花也成为名贵花卉与贡品。西汉刘歆撰写的《西京杂记》中记载：汉武帝初修上林苑，群臣皆献名果、异树两千余株，其中有桂十株。汉元鼎六年（公元前111年），武帝破南越后，接着在上林苑中兴建扶荔宫，广植奇花异木，其中有桂花树100株。而其他的奇花异木大多枯死，桂花却有幸成活。司马相如的《上林赋》中也提到桂花。由此可见，桂花引种帝王宫苑，汉初已获成功，并具一定规模。《翰林杂事钞》记载："武帝谓东方朔孔、颜之道德何胜，方朔曰：颜渊如桂，馨一山；孔子如春风，至则万物生。"用桂花形容颜渊的美德。此时桂的意象开始进入诗人的眼球。《晋书·郄诜传》记载："武帝于东堂会选，问诜曰：卿自以为何如？诜对曰：臣举贤良对策，为天下第一，犹桂林之一枝，昆山之片玉。帝笑。"用"桂林之一枝"誉德之美。桂"其类自为林，间无杂树"（《南方草木状》）因此在人们眼里，桂具有"独秀"的个性，再加上多生

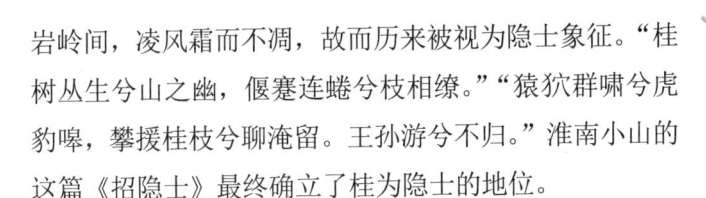

岩岭间，凌风霜而不凋，故而历来被视为隐士象征。"桂树丛生兮山之幽，偃蹇连蜷兮枝相缭。""猿狖群啸兮虎豹嗥，攀援桂枝兮聊淹留。王孙游兮不归。"淮南小山的这篇《招隐士》最终确立了桂为隐士的地位。

南北朝时期，桂花的栽培得到进一步推广和发展。晋代嵇含《南方草木状》记载："桂出合浦，生必以高山之巅，冬夏常青，其类自为林，间无杂树。"南京为六朝古都，南朝齐武帝时，湖南湘州送桂树植芳林苑中。《南部烟花记》记载，陈后主为爱妃张丽华造"桂宫"于庭院中，植桂一株，树下置药杵臼，并使张妃驯养一白兔，时独步于中，谓之月宫。可想而知，当时把月亮认作有嫦娥、桂树、玉兔存在的月宫这一传说已相当普及。现陕西汉中市城东南圣水寺内还有汉桂一株，相传为汉高祖刘邦臣下萧何手植，其主干直径达232厘米，树冠覆地面积400多平方米，枝叶繁茂，苍劲雄伟。南北朝时期出现了较为严格意义上的咏桂诗，如南朝诗人范云的"南中有八树，繁华无四时。不识风霜苦，安知零落期。"（《咏桂树》）南朝吴均的"桂树夹长陂，复值清风吹。氤氲揉芳叶，连锦交密枝。能迎春露点，不逐秋风移。愿君长惠爱，当使岁寒知。"（《夹树》）等，都从不同的角度咏叹了桂花。

唐代文人植桂十分普遍，吟桂之习蔚然成风。柳宗元自湖南衡阳移桂花十余株栽植在零陵所住宅舍。大诗人白居易曾为杭州、苏州刺史，他将杭州天竺寺的桂子带到苏州城中种植。他不仅自己种植，还要嫦娥在月宫种植桂树。他有诗咏曰："遥知天上桂花孤，试问嫦娥更

要无。月宫幸有闲田地,何不中央种两株。"唐相李德裕在20年间收集了大量桂树,先后引种到洛阳郊外他的别墅所在地。此时园苑寺院种植桂花已较普遍。而且,桂和众多的神话传说相联系,为其增添了无穷的魅力和神话色彩。《酉阳杂俎》云:"旧言月中有桂,有蟾蜍。故异书言月桂高五百丈,下有一人常斫之,树创随合。人姓吴名刚,西河人,学仙有过,谪令伐树。"至此,咏桂诗词总是和月、嫦娥、仙人相联,桂子落人间的民间传说更是为诗人们所津津乐道。如李峤的"未植银宫里,宁移玉殿幽。枝生无限月,花满自然秋。侠客条为马,仙人叶作舟。愿君期道术,攀折可淹留"。(《桂》)宋之问的《灵隐寺》诗中有"桂子月中落,天香云外飘"的著名词句,故后人亦称桂花为"天香"。李白在《咏桂》诗中咏曰:"安知南山桂,绿叶垂芳根。清阴亦可托,何惜树君园。"表明诗人要植桂园中,既可时时观赏,又可时时自勉。文人的托志需要,使得园中栽培桂花日渐普遍。

宋朝时期,桂花开始在民间栽培,桂花已被广泛用于庭园中栽培观赏。到了宋代涌现出众多脍炙人口的咏桂佳作,如梅尧臣的"山楹无恶木,但有绿桂丛。幽芳尚未歇,飞鸟衔残红。不见离骚人,憔悴吟秋风。"(《临轩桂》)如李清照的"暗淡轻黄体性柔,情疏迹远只香留。何须浅碧深红色,自是花中第一流。梅定妒,菊应羞。画栏开处冠中秋。骚人可煞无情思,何事当年不见收?"(《鹧鸪天》)如杨万里的"梦骑白凤上青空,径度银河入月宫。身在广寒香世界,觉来帘外木犀风。"(《凝露堂木樨》)等,都被人传诵一时。欧阳修《谢人

寄双桂树子》中"晓露秋晖浮,清阴药栏曲",写朋友赠送的桂花已移植到诗人庭院中的芍药栏杆旁。宋代毛滂《桂花歌》中"玉阶桂影秋绰约"说明在院子玉色的台阶前植桂。元代倪瓒《桂花》诗中"桂花留晚色,帘影淡秋光"指出窗前植桂。宋朝诗人在桂花身上也充分挖掘了以花喻人的一面。方夔说它是"下土花中第一流",李清照也说它"自是花中第一流"。可见诗人词人们对桂的评价还是非常高的。这一点,正是宋人在桂花神韵美上的重要开拓。

明清时期,桂花的栽培继续发展,渐臻昌盛。明朝初年,中国历史上的五大桂花产区已形成。明朝沈周《客座新闻》中记载:"衡神祠其径,绵亘四十余里,夹道皆合抱松桂相间,连云遮日,人行空翠中,而秋来香闻十里,计其数,云一万七千株,真神幻佳景。"可见,当时已有松桂两树配置做行道树。明代的文震亨在《长物志》中,还对桂花在园林中的配置、栽种等应用,作了详细的叙述。清代陈淏子的《花镜》,又在前人的基础上,对桂花作了进一步的系统记述。元明清时期,咏桂诗词也很可观,但内容无右唐宋,艺术手法上也并无特异创新之处,只是在前人基础上进一步发展,从而获得异于前人的审美感受,佳作频现。如山水大家倪瓒的"桂花留晚色,帘影淡秋光。靡靡风还落,菲菲夜未央。玉绳低缺月,金鸭罢焚香。忽起故园想,泠然归梦长。"(《桂花》)如明朝高启的"桂花庭院月纷纷,按罢霓裳酒半醺。折得一枝携满袖,罗衣今夜不须熏。"(《题桂花美人》)都颇具特色。

桂花树终年枝叶繁茂，桂花更是花型纤小可爱，色彩艳丽，幽香而不露，秀丽而不娇，清雅高洁，香气浓郁，以其独有的花香受到人们的青睐，深受历代文人墨客的喜爱。古人评桂花为"浓、清、久、远"俱全，清可涤尘，浓能透远，推之为上品。诗人们抓住桂花的花色、花香，浅吟低唱，产生了大批咏桂花的诗作。

应随西母瑶池晓，染得朝霞下广寒
——咏桂花之色

桂花的颜色不算复杂，嵇含在《南方草木状》中说，"其花有白者名银桂，黄者名金桂，红者名丹桂"。所以我们按花色将桂花分成金桂、银桂、丹桂三种。

金桂，黄花细如粟，故又有"金粟"之名。金代郦权《木樨》云"琉璃剪芳葆，蛾黄拂仙裾。唾袖花点碧，漱金粟生肤"，就直接用"金粟"描摹桂花的颜色，元代顾瑛《以玉山亭馆分题得金粟影》："飞轩下瞰芙蓉渚，槛外幽花月中吐。天风寂寂吹古香，清露泠泠湿秋圃。云梯万丈手可攀，居然梦落清虚府。庭中捣药玉兔愁，树下乘鸾素娥舞。琼楼玉殿千娉婷，中有癯仙淡眉宇。问我西湖旧风月，何似东华软尘土。寒光倒落影娥池，的皪明珠承翠羽。但见山河影动摇，独有清辉照今古。觉来作诗思茫然，金粟霏霏下如雨。"在诗歌最后，诗人梦中醒来，月宫中的幻境消失了，只见一轮圆月当空，而月光下的桂树，细小的黄色桂花正纷纷坠落，如

细雨霏霏，诗人不禁怅然。诗人也用"娇额涂黄"来形容它，诗人们看到金桂，那黄色的金桂迎风招展，就好像一位娇额涂黄的女子在顾盼流连。宋代词人姜特立《声声慢·岩桂》中的"云迷越岫，枫冷吴江，天香忽到人寰。满额涂黄，别更一种施丹"，就用此描摹，读来让人面对桂花如对佳人。宋代诗人王迈在《惠安赖惟允汝恭乞崇清老椿芳桂四大字为赋二》中写道："蕊宫仙子携黄云，按之成屑来缤纷。百合天香兔为捣，蟾蜍窃之从月奔。"宋代向子𬤊《清平乐》："人间尘外。一种寒香蕊。疑是月娥天上醉。戏把黄云按碎。"词人将细碎的金桂花比作仿佛是嫦娥仙子把天上的黄云按碎了一般，纷纷坠落凡尘，充满浪漫色彩。朱熹在《咏岩桂》中赞美道，"露浥黄金蕊，风生碧玉枝"。把黄色桂花比作黄金蕊，可见诗人对桂花之看重。李清照《鹧鸪天·桂花》赞叹："暗淡轻黄体性柔，情疏迹远只香留。"杨万里《木犀二绝句》中说，"轻薄西风未办霜，夜揉黄雪作秋光"，用黄色的雪比作桂花，想象清奇。

丹桂呈橙红色，不仅香味浓郁，而且花色艳丽，因此备受人们喜爱。丹桂花盛开时，点点橙红，一束束，一簇簇，点缀于碧绿的枝间，仿佛美丽的朝霞。唐代张乔《试月中桂》："影高群木外，香满一轮中。未种丹霄日，应虚玉兔宫。何当因羽化，细得问玄功。"诗人把满树的丹桂花开比作太阳初升。宋代曹勋《谢赐丹桂》："秋入幽岩桂影团，香深粟粟照林丹。应随西母瑶池晓，染得朝霞下广寒。"丹桂随西王母瑶池而去，染红了天上的朝霞，想象何其绚丽！

诗人们对金桂和丹桂赋予厚爱，可是对银桂却不甚注意。诗文中对银桂的描写少之又少，宋代陈文蔚《傅材甫窗前白月桂开材甫索诗戏作》"天然容貌本施朱，喜异羞同世不趋。化得丹砂成玉雪，也知人着半工夫"，即使是写到它，也是一种戏作的口吻，好像桂花本来就应该是那种红色的丹桂，而玉雪般的银桂则是丹砂变化成的。皮日休的《天竺寺八月十五日夜桂子》："玉颗珊珊下月轮，殿前拾得露华新。至今不会天中事，应是嫦娥掷与人。"这是一首中秋赏桂的诗作。前两句"玉颗珊珊下月轮，殿前拾得露华新"运用比喻的手法，描写夜景，将飘落的沾着露珠的桂花，比喻成从月亮中散落下来的玉珠，描绘了一幅空灵幽静的"夜赏月桂图"，富有动感，梦幻迷离，宛若仙境。羊士谔的《九月十日郡楼独酌》："归期北州里，旧友东山客。飘荡云海深，相思桂花白。"诗中把银桂比作"白雪"，一语双关，这里的"白"就好像相思之苦把桂花都愁白了头。贯休的《再游东林寺作五首》诗中有"台殿参差耸瑞烟，桂花飘雪水潺潺"。这里用雪来比喻桂树落花时的颜色、形状，十分妥帖。

虽非倾国色，要是恼人香
——咏桂花之香

宋人张邦基说："木樨花江浙多有之，清芬沤郁，余花所不及也，湖南呼九里香。"是以桂花又名"九里

香",可以说,桂花香是其审美核心。桂花花小,色相上无法与牡丹、菊花等大花相比。可是桂花香味非常浓郁,正如宋代曾几在《岩桂二首·其一》中所赞的那样:"擢本千岩秀,开花八月凉。虽非倾国色,要是恼人香。"桂花盛开时节,傲视群芳,金粟万点,香飘四溢。看花闻香,悦目怡情,给赏花者带来了不尽的嗅觉美。

桂花香,浓而不烈,芬芳异常,沁人心脾,是它的一大特点。宋之问的《灵隐寺》中有"桂子月中落,天香云外飘"句,以神话传说来写桂花香。"桂子月中落"是说,相传每到中秋夜晚,桂花便从月中纷纷落到人间,那是月中嫦娥掷与人的。皮日休的《天竺寺八月十五日夜桂子》"玉颗珊珊下月轮,殿前拾得露华新。至今不会天中事,应是嫦娥掷与人"中所写的正是这个情景。当然,这只是一个美丽的传说,月中自然不会落下桂花,而"桂花落"的现象却是实实在在存在的,诗人如此表达,为诗境增加了一层神秘色彩。"天香云外飘",这句紧扣灵隐寺,写寺中香火之盛。作者言灵隐寺中的香火可以从人间飘到天边的白云上,这种香与月中桂花的香浑融在一起,十分精妙。"天香"一词,自此以后,也成为桂花的美称,被广泛使用,来形容桂香。如宋代史浩《次韵恩平郡王丹桂》:"著蕊半殷生桂子,离群独立有天香。"王十朋《次韵昌龄西园十咏·桂》:"异日天香满庭院,吾庐当似广寒宫。"刘克庄的《念奴娇·绕篱寻菊》:"却是小山丛桂里,一夜天香飘坠。"这样的例子不胜枚举。

桂花的香气是靠人的嗅觉来体会到的,用语言文

字如何传达?诗人大多采用夸张、比喻、通感等手法巧妙地把花香呈现于人们面前。李弥逊在《声声慢·木犀》中赞叹:"一朵才开,人家十里须知。"桂花才开了一朵,然而方圆十里人家就闻到桂花香了。虽然有些夸张意味,但足以说明桂花香之持久、浓厚。桂香之浓,不仅可以用距离来量,也可以用容器来量。比如杨万里的《子上弟折赠木犀数枝,走笔谢之》:"我家殊未有秋色,君家先得秋消息。西风夜入小池塘,木犀漏泄月中香。一粒粟中香万斛,君看一梢几金粟。"杨万里还在《凝露堂木犀恶人二首》诗中道:"雪花四出剪鹅黄,金粟千麸糁露囊。看去看来能几大,如何着得许多香?"宋代张孝祥《岸旁偶得木犀》:"天公不求金,富媪不复藏。居然土同价,散作草木芳。英英园中葵,一心倾太阳。采采篱下菊,令汝寿命康。惟此木之犀,更贮万斛香。雄姿傲霜雪,鳞甲森青苍。"二人的诗中,都把无形的香气写得具有质感,具有重量。"斛"是我国古代的容器称量单位,十斗为一斛。难以想象,一束桂花花蕾中尚有万斛香,那么一梢有多少金粟,一树又有多少枝梢。可见桂香在诗人们的笔下,已经被夸张到了极致。吴文英说桂花"浓香最无著处,渐冷香、风露成霏"。桂花盛放时,香气浓郁,故称"浓香",这浓浓的香气充盈人间,好像再也没有地方容纳它了。作者以"无著处"极言桂花香范围之广,香气之浓。辛弃疾的《清平乐·谢叔良惠木犀》"少年痛饮,忆向吴江醒。明月团圆高树影,十里水沉烟冷。大都一点宫黄,人间直恁芬芳。怕是秋天风

露，染教世界都香。"用沉香来表现桂花香气之怡人。尤其是最后两句"怕是秋天风露，染教世界都香"，别出心裁，言桂花是借着秋天的风露传播芳香，要使得世界都浓郁芬芳。这两句言有尽而意无穷，给人以无尽的想象空间。桂香除了具有"浓"的特点外，还兼有"清"的特色。辛弃疾《西江月·木犀》："金粟如来出世，蕊宫仙子乘风。清香一袖意无穷。洗尽尘缘千种。"正如宋代舒岳祥《桂台》中赞叹道："攀枝踏影弄猿鹤，万事不到桂丛下。天下清芬是此花，世间最俗惟檀麝。"可见其清香宜人，非世俗檀麝香可比。此外，桂是常绿乔木，人们很早就注意到桂叶四季常青、凌冬不凋的生物特性。唐代李德裕《比闻龙门敬善寺有红桂树独秀，伊川尝于江南……赠陈侍御》："来自天姥岑，长疑翠岚色。芬芳世所绝，偃蹇枝渐直。琼叶润不凋，珠英粲如织。犹疑翡翠宿，想待鹓雏食。"宋朝诗人文同的《殿前生桂树》："童童彼芳桂，蔼蔼生广内。灵根浃和液，柯叶冬不改。"两首诗都以桂叶常青比作四时不改、坚贞守操的品格。

物之美者，招摇之桂
——咏桂之姿

在《吕氏春秋》中称桂树"物之美者，招摇之桂"，赞美生长于山上的桂树是世上最美之物。桂树有乔木，有灌木，但由于其分枝性强且分枝点低，因此常呈灌木

状。桂树通常不像其他乔木一样高大，诗人对于桂树的描写，主要着眼于其姿态和翠色。桂树枝多叶繁，这样整体形象就显得圆润饱满，所以诗人常用"团团""扶疏""婆娑"等词语来形容。如朱熹的《秋华四首·木犀》："乔木生夏凉，芳蕤散秋馥。未觉岁将寒，扶疏方绕屋"。宋代陈深《赋月中桂》："天上何年种，婆娑碧树幽。"而且，扶疏的桂树还被想象成一位道家装扮的女子，她有着淡雅的妆容和绰约的风姿。宋代虞俦《和木犀》："岩桂无人也自芳，月宫仙子道家妆。露溥仙掌三秋色，风动枝头十里香。"宋代蔡伸《临江仙·仙品不同桃李艳》"幽姿绰约道家妆，绿云堆髻，娇额半涂黄"，赵以夫的《秋蕊香·木樨》"一夜金风，吹成万粟，枝头点点明黄，扶疏月殿影，雅淡道家装"，说桂树繁茂分披，疏朗有致，酷似月中仙桂下的绰约仙子，淡雅高洁，遗世独立，颇有道家风骨。词中将人世间的桂树与神话中的桂树合而为一，写得形神兼备。

诗词中对于桂叶、桂枝单独描写的较少，毕竟枝叶之于花，总是处于陪衬的角色，只有少数诗句，如宋代李纲《隐圃岩桂盛开，兴宗屡以为供》写道"青葱翠盖俯轩槛，夭矫苍虬交枝柯。森森密叶碧如玉，扑扑细蕊黄于鹅。风传剩馥尚酷烈，月散清影长婆娑。"描写轩前桂叶青翠繁茂如盖、桂枝交错如苍虬的姿态。宋代诗人虞俦《木樨晚来盛开寄吴守》中"缭枝偃蹇傍岩隈，密叶稜层不露才"，写岩间桂枝偃蹇、桂叶繁密的模样。宋代朱熹《咏岩桂二首·其一》："亭亭岩下桂，岁晚独芬芳。叶密千层绿，花开万点黄。天香

生净想，云影护仙妆。谁识王孙意，空吟招隐章。""亭亭"言其挺立秀气之貌，"岩下"点明其生存环境，表明它所在之地是人迹罕至的，因此只能独自芬芳，它的秀美，它的芳香，无人欣赏。"叶密千层绿，花开万点黄"两句，分写岩桂的枝叶与花朵。桂树枝叶稠密，碧绿精巧；桂花淡雅，花小而多，一簇簇隐藏在枝叶间。谢懋的《霜天晓角·桂花》赞其叶为"绿云剪叶"，夸其花为"黄金屑"，重在其外表的美丽精致。朱熹言其绿叶"千层"，花开"万点"，则注重刻画其数量的繁多。

万俟咏的《蓦山溪·桂花》"深绿护轻黄，怕青女、霜侵憔悴"写的是桂叶掩护桂花的情态，十分生动，富有趣味。桂叶是极其浓密的，李清照说"剪成碧玉叶层层"，朱熹则说"叶密千层绿"，因此，娇小的桂花点缀在绿叶中，就像是被桂叶保护起来似的。"深绿""轻黄"分别代指桂叶、桂花，色彩对比强烈，给人以美好的视觉效果。一个"护"字，十分生动，不仅准确地把握住了桂叶浓密、桂花细小的特点，还赋予桂叶情感，衬托出桂花的娇嫩可爱之态。"怕青女、霜侵憔悴"句以拟人手法，进一步写桂叶对桂花关爱有加。"青女"指传说中掌管霜雪的女神，这里借指霜雪；"怕"字是桂叶的心理活动刻画，言绿叶担心娇嫩的花朵被霜雪"欺负"而变得憔悴，才故意变得浓密，以保护桂花。

倪瓒的《桂花》"桂花留晚色，帘影淡秋光"，则是从桂花的影子入手，写的是桂花的朦胧美。天色已晚，桂花还在幽幽地绽放，芳香四溢。诗人没有从正面来写桂花的香与色，而是隔着窗帘来遐想桂花的姿色。"帘

影淡秋光",桂花的倩影透射在窗帘上,淡淡的,如泼墨而成的一幅画。秋风吹来,窗帘与花影一起摇曳,令人心醉神迷。那桂花影如今成了十分的秋色,再也没有比得过它的了。作者写桂花,只刻画其影,画面显得十分虚幻唯美,比起直接来写,多了几分韵味。

八月桂花香,所以农历八月古称"桂月",此月是赏桂的最佳时期,每年中秋月明,天清露冷,庭前屋后的桂花盛开,在空气中浸润着甜甜的桂花香味,冷露、月色、花香,最能激发情思,给人以无穷的遐想。由此,桂花很早就和我国人民的情感生活联系在一起。

自从孤馆深锁窗,桂花几度圆还缺
——相思的寄托

桂谐音"归",并且《楚辞·招隐士》中有"攀援桂枝兮聊淹留,王孙游兮不归"一句,桂树由此象征着盼归、挽留之意。后世多有化用,如北朝诗人江淹的《渡西塞望江上诸山诗》中,有"望古一凝思,留滞桂枝情。结友爱远岳,采药好长生"。沈约诗云:"山中有桂树,岁暮可言归。"宋代朱淑真写道:"月待圆时花正好,花将残后月还亏,须知天上人间物,同禀秋清在一时。"农历八月十五日月圆时,桂花盛开,半个月后花凋谢了,月亮也亏缺了。而月圆月缺也是人间聚散的象征,"月有阴晴圆缺,人有悲欢离合",所以桂花也成了思人的象征。李贺《有所思》就写得更

加具体了:"自从孤馆深锁窗,桂花几度圆还缺。鸦鸦向晓鸣森木,风过池塘响丛玉。白日萧条梦不成,桥南更问仙人卜"。诗一开始就点出离别之情,之后用桂花几度圆缺来搭配,看似不妥,桂花实指月亮,交代了离别的时间已经是数月。

卢照邻在《江中望月》中这样写道:"沉钩摇兔影,浮桂动丹芳。延照相思夕,千里共沾裳。"诗中把水中的月称为"浮桂",把明月写出动态来了。还有张九龄的诗《秋夕望月》,同样表达了这种明月千里寄相思的情感:"清迥江城月,流光万里同。所思如梦里,相望在庭中。皎洁青苔露,萧条黄叶风。含情不得语,频使桂华空。"古诗中像这样以月桂抒情的诗句很多,大都表达了千里相思之情。

唐代王建《江南杂体二首》:"江上风翛翛,竹间湘水流。日夜桂花落,行人去悠悠。复见离别处,虫声阴雨秋。处处江草绿,行人发潇湘。潇湘回雁多,日夜思故乡。春梦不知数,空山兰蕙芳。"这首诗中,诗人用秋、春季节的对比来写,其中在相同的位置用"桂花"和"回雁"来照应,亦有相思之意。王建还有一首中秋望月诗也提到了桂花,就是《十五夜望月》:"中庭地白树栖鸦,冷露无声湿桂花。今夜月明人尽望,不知秋思落谁家。"中秋前后是桂花开放的时节,诗中"地白"是因为"月明","露湿桂花"象征泪落秋思,很好地运用了桂花的秋思象征意义,诗人看到露水打湿桂花,禁不住望月思人。

诗人钱起在《送万兵曹赴广陵》中这样写道:"秋

日思还客,临流语别离。楚城将坐啸,郢曲有馀悲。山晚桂花老,江寒蘋叶衰。应须杨得意,更诵长卿辞。"诗中采用桂花的意象非常巧妙,既指桂花老落,也指人老落江湖,读罢令人唏嘘。不细细加以品味难以发现其中的意思。"不知桂树知情否,无限同游阻陆郎"是皮日休《病中庭际海石榴花盛发,感而有寄》中的一句,诗人直接用了拟人的手法,抒发了诗人心中所感。

古人有互赠桂花的习俗,苏轼曾有《八月十七日天竺山送桂花分赠元素》诗作一首:"月缺霜浓细蕊干,此花元属玉堂仙。鹫峰子落惊前夜,蟾窟枝空记昔年。破衲山僧怜耿介,练裙溪女斗清妍。愿公采撷纫幽佩,莫遣孤芳老涧边。"题中所说的"元素"乃杭州知府杨绘,时东坡为杭州通判,两人过往甚密。杭州天竺山系佛教名山,也以桂香驰名。桂花盛开时有人采来若干枝送给苏轼,东坡又分赠一半给元素。"此花元属玉堂仙",极赞天竺山桂花品质超群。"蟾窟枝空"亦即蟾宫折桂,诗中将月桂传说与科场典故融为一体,暗示元素当年登科之幸事,既表达了两位鸿儒的君子之交,又借"折桂"赞美了桂花的琼枝天香,耐人寻味。北宋文人欧阳修的《谢人寄双桂树子》云:"有客赏芳丛,移根自幽谷。为怀山中趣,爱此岩下绿。晓露秋晖浮,清阴药栏曲。更待繁花白,邀君弄芳馥。"朋友特意移根送来,可见其品位之高雅,同时诗人也为朋友明己之心而深表谢意,并殷勤相邀,待到花开香飘时,共赏此良辰美景。白居易《忆江南》:"江南忆,最忆是杭州。山寺月中寻桂子,郡亭枕上看潮头。何日更重游!"则借桂花来追思杭

州,追思杭州故人。皎然的《裴端公清席,赋得青桂歌送徐长史》一诗,赋青桂以抒离别之情,赞桂以喻人:"秋风桃李摇落尽,为君青青伴松柏,谢公南楼送客还,高歌桂树凌寒山。应怜独秀空林上,空赏敷华积雪间。"桂树如松柏常青,凌寒不凋,孤标独秀。诗虽是叙离别,但字里行间蕴含着对朋友的称颂。"昨夜一枝生在月,婵娟可望不可折。若为天上堪赠行,徒使亭亭照离别。"诗的最后几句转而歌天上月之桂,借月桂再叹离别感伤之情,情感深挚,而又含吐曲微。

千林向摇落,此树独华滋
——贞洁高贵的象征

桂"丛生岩岭"(《尔雅》),"其类自为林,间无杂树"(《南方草木状》)。由于桂多生长于山间,远离人世,是隐士的象征;桂花暗淡轻黄,深藏在枝叶间,不以色媚人,而以香怡人;并且桂与"贵"谐音,于是,它成了贞洁高贵超凡脱俗的象征。因此,诗人们喜桂爱桂、植桂赏桂、咏桂赞桂,是在于其高洁的品性,常常借桂花抒发自己的志向、胸襟与抱负。

桂树首先被赋予了贞劲的品格意义。唐代王绩的《古意六首·其一》云:"桂树何苍苍,秋来花更芳。自言岁寒性,不知露与霜。幽人重其德,徙植临前堂。连拳八九树,偃蹇二三行。枝枝自相纠,叶叶还相当。去来双鸿鹄,栖息两鸳鸯。荣荫诚不厚,斤斧亦勿伤。

赤心许君时，此意那可忘。"由于桂树秋天时节，仍然叶子苍苍，且"花更芳"，不惧风霜雪露，诗人把它种在堂前，"重其德"，以自许。王绩还有《春桂问答二首》："问春桂，桃李正芬华。年光随处满，何事独无花。春桂答，春华讵能久。风霜摇落时，独秀君知不。"歌咏桂树秋芳冬荣、凌霜耐寒的特性，从而赋予了桂树一种贞劲的品格。刘彦冲的《岩桂》："凉飔振远村，寂寞度清芬。山路不知处，月窗时夜闻。孤根寒抱石，落子半飘云。袖手空延伫，无才可赋君。"诗人写凉飔之际，寒石之上，寂寞之中，更显岩桂清香怡人，缥缈欲仙，清峻疏简，突出地表现了岩桂之凛凛气节。尾句诗人以袖手伫立，无言吟咏的自我写照，进一步烘托了岩桂的高洁不俗之气。

李白《咏桂》诗云："世人种桃李，皆在金张门。攀折争捷径，及此春风暄。一朝天霜下，荣耀难久存。安知南山桂，绿叶垂芳根。清阴亦可托，何惜树君园。"李白把桃李与桂花进行了对比，赞美了桂树在深秋霜至的时候依然傲然青绿的高贵气质。而张九龄《感遇十二首·其一》中有"兰叶春葳蕤，桂华秋皎洁。欣欣此生意，自尔为佳节。谁知林栖者，闻风坐相悦。草木有本心，何求美人折！"张九龄的这首诗，却说，无论兰花还是桂花，都不需要人的欣赏，更不需要被人攀折，作为草木我自然有我的美好，就算你是美人，我也并不期待你的攀折。诗人描绘桂花洁白，桂叶深绿，两相映衬，给人鲜亮之感，十分精练简要地点出了秋桂清雅的特征。"欣欣此生意，自尔为佳节"，不

管是兰花也好，桂花也罢，他们展现的美都是生命的一种本能。诗人写了兰叶、桂花的葳蕤、皎洁，他们是如此欣欣向荣，自身就形成一种美好的节操。这种"佳节"出于本然，出于自我修养，既不假外求，亦不求人知，诗人不仅写了兰桂之美，还托物言志，"草木有本心，何求美人折！"

白居易的《庐山桂》云："偃蹇月中桂，结根依青天。天风绕月起，吹子下人间。飘零委何处，乃落匡庐山。生为石上桂，叶如剪碧鲜。枝干日长大，根荄日牢坚。不归天上月，空老山中年。庐山去咸阳，道里三四千。无人为移植，得入上林园。不及红花树，长栽温室前。"作者以庐山桂自喻，一方面显示出诗人高洁的情怀，一方面又婉转含蓄地表达了自己的苦闷心情，宣泄了胸中的不平之气。

宋朝戴复古的《咏桂》："金谷园林知几家，竞栽桃李作春华。无人得似天工巧，明月中间种桂花。"这首诗先写金谷园中遍植桃李的状况，讽刺了桃李的媚俗之态。后两句写桂花是极其精巧之物，是造化之功，是生长在明月之中的神奇树种。金谷园是西晋豪强石崇的别墅。石崇纵情放逸，因与贵族大地主王恺争富，便修筑了此园，足以说明当时大官僚地主的糜烂生活。而金谷园中所植的桃李，在作者眼中的庸俗就不言而喻了。桂花与桃李是截然不同的，它多生于深山岩石中，那是人迹罕至之地，因此，桂花也是隐士的象征。在作者眼中，桂花十分高雅，根本就不是人间之物。"无人得似天工巧，明月中间种桂花"，没有人能像上天一样灵思精巧，

把桂花种在月亮之中。人间，凡是举头能望见月亮的时候，都能看到月中之桂。从诗中可以看出，作者似是讽刺社会上攀附权贵的媚俗之风气，表达对其的不满。抑或是托物明志，借桂花表达自己坚贞的节操，以及不愿与世俗小人同流合污的态度。

陈亮的《桂枝香》词用本色词牌咏桂，词云："天高气肃。正月色分明，秋容新沐。桂子初收，三十六宫都足。不辞散落人间去，怕群花、自嫌凡俗。向他秋晚，唤回春意，几曾幽独。是天上、余香剩馥。怪一树香风，十里相续。坐对花旁，但见色浮金粟。芙蓉只解添秋思，况东篱、凄凉黄菊。入时太浅，背时太远，爱寻高躅。"作者写道，月中的桂花喜获丰收，以至于储藏不下，所以便洒向人间。然而，桂花又怕自己的高贵"出身"使得百花自惭形秽，"自嫌凡俗"。词人以桂花自况，足见其自视之高。"不辞"二字暗示出作者甘愿为世间奉献自我，做出一番事业的美好愿望。词人以群花之俗反衬自己的高雅，但又不直接称其凡俗，而是透过一层说群花"自嫌凡俗"，命意更高一层。此外，以一个"怕"字再次转折，言桂花唯恐群花自惭，而不想开在百花争艳的春天。"向他秋晚，唤回春意，几曾幽独"几句，又转一层，是说桂花不愿在春天开放，并不是故矜高洁，目无下尘，而是想在秋天绽放，以唤回已去的春意，把温暖重新洒向人间。词人抓住桂花开于秋季的特点，多层次地表明自己的心志，亦花亦人，曲尽其妙。

朱熹《咏岩桂》云："露浥黄金蕊，风生碧玉枝。

千林向摇落，此树独华滋。木末难同调，篱边不并时。攀援香满袖，叹息共心期。"诗人因仰慕，故而"攀援"；"叹息"起于赞美之情，进而渴望与之成为知己。这两个细节暗示了诗人孤傲高洁的情怀和对崇高人格的追求。"攀援"是由于喜爱、仰慕，"叹息"是"赞叹"的意思，因与桂树有共同的心愿而赞叹。两个细节描写表现了诗人以物喻己，愿像桂树一样芬芳、高洁。

"弹压西风擅众芳，十分秋色为伊忙。一枝淡贮书窗下，人与花心各自香。"朱淑真这首《咏桂》诗写得气韵生动，意境优美。压西风之淫威，擅众芳之首位，浓郁的桂花芳香是何等醉人！那绮丽的秋色风光也似乎因桂花的馨香而显得繁忙而热闹起来。诗人也情不自禁地采了一枝淡黄桂花供在书窗之下；人花相对，花心映人心，芳香各溢出。此诗咏桂花以自况，淡淡几笔，既描摹出桂花的风韵神采，又借以寄托了诗人自己高洁孤芳的情操。诗虽短小，却写得清雅娴静，沁人心脾。

桂折一枝先许我，杨穿三叶尽惊人
——科举中第的象征

段成式《酉阳杂俎·天咫》的一段记载："旧言月中有桂，有蟾蜍，故异书言月桂高五百丈，下有一人常斫之，树创随合，其人姓吴名刚，西河人，学仙有过，谪令伐树。"故事有趣的是，这株桂树永远也

砍不倒，它总是那么枝叶葱茏。这个故事，在民间流传的详细年代已不可考。至迟中唐时已流行开来，李商隐的《同学彭道士参寥》中说，"月中桂树高多少，试问西河斫树人"；李贺的《李凭箜篌引》也说，"吴质不眠倚桂树，露脚斜飞湿寒兔"；诗僧皎然的《杂兴六首》也说，"月中伐桂人是谁，翻使年年不衰老"，都是由这一故事生发的产物。《晋书·郤诜传》有"臣举贤良对策，为天下第一，犹桂林之一枝，昆山之片玉"之语，南宋叶梦得《避暑录话》载："世以登科为折桂，此谓郤诜对策东堂，自云桂林一枝也，自唐以来用之。"唐温庭筠《春日将欲东归寄新及第苗绅先辈》也有"犹喜故人先折桂，自怜羁客尚飘蓬"诗句称颂友人及第高中。古代乡试、会试一般在农历八月举行，时值桂花盛开季节，八月又称桂月，于是后人常常在诗文中用"折桂"来喻指登科及第。而且人们将科举考试称为"桂科"，登第名籍（册）则称为"桂籍"，再联系到月宫中的桂树，便有了"蟾宫折桂"一说。桂树的叶子被古希腊人用来为德尔斐神桂冠竞技运动的胜利者加冠，这和我国自唐朝以来的以登科为折桂不谋而合。

相传唐代大诗人白居易得知其堂弟白敏中考中进士第三名，写有《喜敏中及第，偶示所怀》一诗祝贺："自知群从为儒少，岂料词场中第频。桂折一枝先许我，杨穿三叶尽惊人。转于文墨须留意，贵向烟霄早致身。莫学尔兄年五十，蹉跎始得掌丝纶。"诗人自注："始予进士及第，行简次之，敏中又次之。"用"桂折

一枝"比自己科举考中，用"杨穿三叶"喻指三人次第考中，喜悦之情，溢于言表。

"秋色生边思，送君西入关。草衰空大野，叶落露青山。故国烟霞外，新安道路间。碧霄知己在，香桂月中攀。"（冷朝阳《送唐六赴举》）诗的最后一句用"香桂月中攀"来寄托希望朋友能顺利中举的美好愿望。"客路商山外，离筵小暑前。高文常独步，折桂及韶年。关国通秦限，波涛隔汉川。叨同会府选，分手倍依然。"（武元衡《送魏正则擢第归江陵》），这首诗是送朋友科举考试及第后回家之作，诗中"折桂及韶年"就是赞扬友人年纪轻轻就通过科举考试了，对魏正则的文采和才华赞不绝口。

李商隐《赠孙绮新及第》："长乐遥听上苑钟，彩衣称庆桂香浓。陆机始拟夸文赋，不觉云间有士龙。"唐朝诗人伊璠写有《及第后寄梁烛处士》，诗写道："绣毂寻芳许史家，独将羁事达江沙。十年辛苦一枝桂，二月艳阳千树花。鹏化四溟归碧落，鹤栖三岛接青霞。同袍不得同游玩，今对春风日又斜。"

方干《送弟子伍秀才赴举》："柳条此日同谁折，桂树明年为尔春。"这首诗两处景物含义不同，折柳为"留"之意，一般用在送别之时，而这里的桂树很显然就是希望弟子赴举高中之意了。李频《述怀》："望月疑无得桂缘，春天又待到秋天。杏花开与槐花落，愁去愁来过几年。"这个"得桂缘"是诗人的什么感慨呢？一来思乡，二来抒发连年赴举未中的愁绪。

宋代僧人仲殊在《金菊对芙蓉》中写道，"花则一

名，种分三色，嫩红妖白娇黄……引骚人乘兴，广赋诗章。几多才子争攀折，嫦娥道：三种清香，红是状元，黄为榜眼，白探花郎"，将桂花的花色——丹桂之红、金桂之黄、银桂之白与科举中殿试的前三名联系起来，绝妙绝伦。

宋孝宗淳熙十三年（1186年），辛弃疾的学生范廓之（范开），准备去参加科举考试，辛弃疾为表达对他的送别之情和祝愿之意而写了《鹧鸪天·送廓之秋试》一词，为他壮行。"白苎新袍入嫩凉。春蚕食叶响回廊。禹门已准桃花浪，月殿先收桂子香。鹏北海，凤朝阳。又携书剑路茫茫。明年此日青云去，却笑人间举子忙。"词中用了"桃花浪"的典故，典出宋张世南《游宦纪闻》卷六："鲍氏安国、安行、安世兄弟，三科连中，故程文昌伯禹赠之诗，有'七年三破桃花浪'之句。"而"月殿先收桂子香"暗喻"蟾宫折桂"，词人借用这两个典故，含蓄地表达对范廓之参加"秋试"的美好祝愿，祝愿他金榜题名。再如薛业《晚秋赠张折冲》："位以穿杨得，名因折桂还。"刘商《送李元规昆季赴举》："见诵甘泉赋，心期折桂归。"元代文人郑德辉《王粲登楼》："寒窗书剑十年苦，指望蟾宫折桂枝。"《红楼梦》第九回，林黛玉听说贾宝玉要上学，笑道："这一去，可定是要蟾宫折桂去了。"

明代王榖祥为庆贺朋友"芝室先生"秋闱之喜而作画《桂石图》，并题诗曰："凤台风露彻清秋，蟾窟天香万斛浮。最是先枝君折取，笑看得意玉京游。"桂香本来是无法用数量词来表示的，诗人却用"万斛"

形容其浓郁繁密之状，给人以具体、可感的审美感受。诗的后半部分，才写出画幅题诗的宗旨。画幅上的主景桂与石，桂是主，湖石是桂树依托生长之处，画家借着桂树祝颂友人折桂取得功名，愿他早日先于他人折取桂枝，科举考试一举成名，得意扬扬地巡游京都。

"何须浅碧深红色，自是花中第一流"，桂花以自己独特的魅力，征服着一代代文人为它吟唱。

一从陶令评章后，千古高风说到今
——菊花诗话

"蘜，治蘠。郭璞注云：今之秋菊华。"（《尔雅·释草》）"季秋之月，鞠有黄华。注云：鞠色不一，而专言黄者。秋令在金，金自有五色，而黄为贵。故鞠色以黄为正也。"（《礼记·月令》）"鞠，草有花至此而穷焉，故谓之鞠。"（陆佃《埤雅·蘜》）"一名节华，一名日精，一名女节，一名女华，一名女茎，一名更生，一名周盈，一名傅延年，一名阴成。生雍州川泽及邓衡齐州田野，今处处有之。"（徐光启《农政全书·菊花考》）"百卉造作无时，而菊独后开。考其理，菊性介烈，然不与百卉并盛衰，须霜降乃发，而岭南常以冬至微霜故也。其天姿高洁如此，宜其通仙灵也。"（《东坡杂记》）

菊花可以说是名号最多的花卉了。菊花在古代写作"蘜"，根据陆佃《埤雅》记载："蘜草有花，至此而穷焉，故谓之蘜；一曰蘜如聚金蘜而不落，故名蘜，盖蘜不落花。"盖蘜有穷字之意，花事至此而穷尽，即它开花以后，这一年就不再有别的花开了，穷尽了。所以叫作菊。另有一说指"蘜"字之意其花开后向下倾，好像鞠躬的样子。根据"鞠有黄华"记载看来，菊花

两千多年前主要为野生，野生菊花多为黄色，还因为黄色在中国传统文化中地位正统而尊贵，"金自有五色，而黄为贵"，这决定着人们的色彩审美，把黄色的菊花当作菊花代称，钟会在《菊花赋》中对菊花的赞颂："黄华高悬，准天极也。纯黄不杂，后土色也"，"满地黄花堆积"，是也。另外还有"黄英""黄蕊""黄钿"等，又因黄色也为金色，这样又出现了以"金"为菊花的雅称，如："金英""金茎""金蕊""金钿"等。梁代萧统《七契》："玉树始落，金蕊初成。"唐代刘禹锡："素萼迎寒秀，金英带露香。""金英""金蕊"都指黄色的菊花。菊花开在农历九月，自然又名为"九华"。陶渊明《〈九日闲居〉序》："余闲居，爱重九之名，秋菊盈园，而持醪靡由，空服九华，寄怀于言。"菊花开在百花之后，霜降之时，古人利用菊花这一特性来记节令，如"霜打菊花开"。所以，菊花又叫"节华"。《礼记·月令》："九月，菊有黄华，华事至此而穷尽，……节华之名，亦取其应节候也。"人们也因这一季节给人以寒冷的感受来指代菊花，如唐代李山甫《刘员外寄移菊》："烟含细叶交加碧，露拆寒英次第黄。"宋代姜夔《念奴娇》："嫣然摇动，冷香飞上诗句。""寒英""冷香"都是指菊花。也正因菊花在深秋"华事至此而穷尽"的时节，迎寒霜而绽放，具有了有别于其他花卉的特质与魅力，如陶渊明在《和郭主簿》写道："芳菊开林耀，青松冠岩列，怀此贞秀姿，卓为霜下杰"。菊像松树一样傲霜而立，又像春花一样美丽多姿，在严霜之下，菊傲然怒放，是霜下的英杰。宋代苏轼《赠

刘景文》：".荷尽已无擎雨盖，菊残犹有傲霜枝。"由此，菊花有"霜下杰""傲霜枝"等雅称。菊花还被誉为"花中君子""花中隐士"，这主要源于"隐逸诗人之宗"的陶渊明对菊花的偏爱，陶渊明有"采菊东篱下，悠然见南山"的诗句，后人也称菊花为"东篱""东篱客"和"篱菊""陶菊"等雅称。杜甫《秋尽》："篱边老却陶潜菊，江上徒逢袁绍杯"。孟郊《秋怀》："清诗既名眺，金菊亦姓陶"。温庭筠《赠郑处士》："醉收陶令菊，贫卖邵平瓜"。菊花因陶渊明具有了高洁、淡泊、孤傲的隐逸之风，"菊，花之隐逸者也。"古人很早就发现菊花可以食用，屈原在《离骚》中吟道："朝饮木兰之坠露兮，夕餐秋菊之落英"。钟会《菊花赋》云："流中轻体，神仙食也。"西晋傅玄《菊赋》云："服之者长寿，食之者通神。"吃菊花就像吃太阳的精华一样，可以延年益寿，所以也称之为"更生""日精"。《拾遗记》曰："背明国有紫菊，谓之日精，一茎一蔓，延及数亩，味甘，食者至死不饥渴。"古人认为菊花酿制的菊花酒同样有延年益寿的功效，陶渊明在《九日闲居》说"酒能祛百虑，菊解制颓龄"，菊又有"制颓龄"的雅称。

菊花，属双子叶植物菊科，宿根草本，原产我国，是我国传统名花之一。菊花栽培历史悠久，据有关文字记载，迄今约有3000多年的历史。最早见于《礼记》一书，载有"季秋之月，鞠有黄华。"确切地记载了菊花的花期和花色。菊花还有定农时的作用，《夏小正戴氏传》中有"九月荣菊……菊荣种麦，时之急也"。《诗经》《离骚》诸书中均有菊花的记载，如战国时期的爱

国诗人屈原在《离骚》中写道："朝饮木兰之堕露兮，夕餐秋菊之落英。"说明菊花很早就已进入人们的生活，当然这时的菊花大多是以饮食为主，在文学作品中是以配角身份出现的。

秦汉时期人们更加注重菊花的饮食药用，在汉朝《神农本草经》中记有"蜀人多种菊，以苗可入菜，花可入药，园圃悉植之，郊野人多采菊供药肆。"记载了菊花的食用和药用功能以及当时的栽培情况。《西京杂记》载有"菊花舒时，并采茎叶，杂黍为酿之，至来年九月九日始熟，就饮焉，故谓之菊花酒"。道出了菊花可作酒饮用。魏文帝《与锺繇九日送菊书》中说："岁往月来，忽逢九月九日，……是月律中无射，言群木百草无有射地而生，惟芳菊纷然独荣，非夫含乾坤之纯和，体芬芳之淑气，孰能如此？故屈平悲冉冉之将老，思餐秋菊之落英，辅体延年，莫斯之贵。谨奉一束，以助彭祖之术。"魏文帝送人菊花，目的是"辅体延年，莫斯之贵"，"以助彭祖之术"，由此可知我国栽培菊花最初是以饮食药用为目的。晋代郭璞《菊赞》："菊名日精，布华玄月，仙客薄采，何忧华发。"也把菊花当作仙人常采的延年益寿之物。潘岳的《秋菊赋》："若乃真人采其实，王母接其葩。或充虚而养气，或增妖而扬娥。既延期以永寿，又蠲疾而弭痾。"写出菊花的功效。嵇含《菊花铭》"煌煌丹菊，暮秋弥荣。葳蕤圆秀，翠叶紫茎。诜诜神仙，徒餐落英。"更是写出仙人以菊花为餐的特性。傅玄更为直白地表达了同样的观念："服之者长寿，食之者通神。"南朝陈朝阴铿《赋咏得神仙

诗》"朝游云暂起，夕饵菊恒香"，亦是传达这样的观念。

魏晋时期，菊花慢慢从食用药用过渡到观赏，除了养生成仙，六朝诗人还赋予菊其他文化内涵。钟会在《菊花赋》中对菊花极力赞颂，他认为菊有五美："黄华高悬，准天极也；纯黄不杂，后土色也；早植晚登，君子德也；冒霜吐颖，象劲直也；流中轻体，神仙食也。""君子德"和"象劲直"，使其具有了很高的道德价值。此外，所谓"黄华高悬""纯黄不杂""冒霜吐颖"，同样大有审美意味。当时人诗文中，同样盛称菊花之美。曹植眼中的洛神，"荣曜秋菊，华茂春松。"用菊花写神之姿容。

菊花到了东晋，遇到了让它大放异彩的贵人——陶渊明，"晋陶渊明独爱菊"，一方面，他也把菊花当作食材，如《饮酒二十首》之七："秋菊有佳色，裛露掇其英。泛此忘忧物，远我遗世情。"《九日闲居》："酒能祛百虑，菊能制颓龄。"这两处皆写菊花酒，着重其养生功用。其《饮酒（其五）》诗："结庐在人境，而无车马喧。问君何能尔？心远地自偏。采菊花篱下，悠然见南山。山色日夕佳，飞鸟相与还。此中有真意，欲辩已忘言。"其中"采菊东篱下，悠然见南山"说明菊花在晋代已转向田园栽培，并由食用、药用饮食过渡到自然观赏。而整首诗是作者借菊抒发自己不为社会所重用远离尘世，回归自然的隐逸心境。陶渊明也是第一个为菊花在百花纷纷枯萎的秋冬季节傲霜怒放、孤标傲世的高贵品质作诗的人。他称赞："芳菊开林耀，青松冠岩列。怀此贞秀姿，卓为霜下杰。"（《和郭主簿

二首》)褒扬松菊之高洁坚贞。还有《问来使》:"我屋南窗下,今生几丛菊。"向使者打听家里所种菊花的长势。香味清新,繁英似锦,姿态优雅,不畏寒霜,菊的这些特点和意义,在陶渊明之前即已具备。其高逸贞洁的寓意,却因为陶渊明的传达得到了极大彰显。南北朝时,人们对菊花有了进一步的认识,陶弘景将菊花分为"真菊"和"苦薏"两种,并定义之:茎紫,气香而味甘,叶可作羹食者为真菊;青紫而大,作蒿艾气,味苦不堪食者名苦薏,非真菊也。而此时菊花已更多地为人们生活所用。如每年夏至人们常把菊花和小麦研成灰,用来防治蠹虫。

　　唐朝时菊花栽培更加广泛,已由原来的田园栽培普及到庭院栽培,并成为广大民众栽培、欣赏的花卉。栽培技术得到了快速提高,并且培植出了紫色和白色的品种。如李商隐《菊花》诗:"暗暗淡淡紫,融融冶冶黄"。白居易《重阳席上赋白菊》诗:"满园花菊郁金黄,中有孤丛色似霜"等就是明证。孟浩然一诗《过故人庄》"故人具鸡黍,邀我至田家。绿树村边合,青山郭外斜。开轩面场圃,把酒话桑麻。待到重阳日,还来就菊花。"生动地描绘了秋日农家饮酒赏菊的情景,也可以看出当时赏菊已遍布城乡。这时,通过日本遣唐使,菊花流传到日本,得到日本人民的赞赏。之后他们将菊花与日本若干野菊进行杂交,形成了日本栽培菊系统。作为遣唐副使来过中国的藤原宇合在《秋日于左仆射长屋王宅宴》吟咏:"帝里烟云乘季月,王家山水送秋光。兰蕊白露催未臭,菊泛丹霞有自芳。"

对长屋王宅的庭园赞美有加,其中也提及庭园里的菊花,可以看出菊花传到日本后的盛况。

宋朝菊花的栽培更加兴盛。已由原来的露地栽培,转向盆栽,也正式由田园栽培的自然观赏过渡到人工造型艺术的欣赏。在陆游的《老学庵笔记》中记有菊花的栽培、管理、繁殖、整形、摘心、病虫害防治等一系列技术。第一部菊花专著刘蒙的《刘氏菊谱》(1104年)诞生,全书记载菊花共有35个品种,按照颜色对其进行分类,"以黄为主,其次为白,再次为紫,而后为红。"并记载了各个品种的花色和产地。宋代菊花品种迅速增加,史铸(1214年)的《百菊集谱》记载菊花达160多个品种,并记有举世珍品绿色的"绿芙蓉"和黑色的"墨菊"。宋朝赏菊、赛菊活动层出不穷,《致富广集五记》记载:"临安园子,每至重九,各出奇花比胜,谓之开菊会"。《杭州府志》中记载:"临安有花市,菊花时制为花塔"。可见南宋时的首都临安有了花市、花会。流传至今的菊花会是在南宋时杭州开始的。苏东坡的《题万菊轩》诗中记有"一轩高为黄花设,富拟人间万石君",描述了盛大的赏菊场面。宋朝时,爱菊成风,宋代林洪《山家清供》云:"昔之爱菊者,莫如楚屈平、晋陶潜。然孰知今之爱之者,有刘石涧元茂焉,虽一行一坐,未尝不在于菊。嶓岥得《菊叶诗》云:'何年霜后黄花叶,色蠹犹存旧卷诗。曾是往来篱下读,一枝闲弄被风吹。'观此诗不惟知其爱菊,其为人清介可知矣。"宋朝赞菊品质的诗篇不亚于唐朝。陆游《枯菊》"翠羽金钱梦已阑,空余残蕊抱枝乾。纷纷轻薄随流水,

莫与桃花一样看。"朱淑贞《菊花》："此花能白又能红，晚节犹能爱此工。宁可抱香枝上老，不随黄叶舞秋风。"王安石爱菊花的性格淳厚，在《黄菊有至性》中有"黄菊有至性，孤芳犯寒威"的名句，菊花刚直不阿的倔强个性、宁折不弯的铮铮铁骨跃然纸上，其间寄托了诗人昂扬的激情，给人以积极向上的胆魄、勇气和力量。论其药用的有欧阳修《菊》："共坐栏边日欲斜，更将金蕊泛流霞。欲知却老延龄药，百草枯时始见花。"

辽元时期为菊花发展的低谷期，有关菊花的记载很少。《琅嬛记》记载了一个非常奇妙的故事，云："曹昊字太虚，武林人也，因慕渊明，别字元亮。性爱种菊，至秋无种不备。一日早起，见大黄菊当心生一红子渐大，三日若樱桃焉，人皆不识。有邻女周少夫者，年十六，姿甚淑令，月下同女伴来看，竟摘食之。食已，忽乘风飞去。"少女吃了菊花的神奇果实，白日飞升，想象奇特。其间，以元朝杨维桢的赋《黄华传》最为有名。元代遗民王翰晚年隐居林壑，诗酒自娱，这种襟怀磊落、慎独不群的品格让他特别钟爱菊花，他看到菊花灿然绽放，感觉自己的悲哀也减轻了许多。他在诗中写道"离披已欲摧，潇洒犹在目"，由菊花而得到了自慰和解脱，更能坚持自己的节操。

到了明朝，菊花的栽培技术得到进一步提高，更趋完善，菊花品种也有所增加，菊谱也多起来。在黄省曾的《菊谱》中记载了220个菊花品种。王象晋《群芳谱》记载了将近300个菊花品种，包含至少16种花型。除此之外，先后有多篇艺菊专著问世。如黄省曾、

马伯州、周履臣、高濂、乐休园等人都著有《菊话》。李时珍在《本草纲目》中剖析了药用菊的赋性："菊备受四气,饱经霜露,叶枯不落,花槁不零,味兼甘苦,秉性中和。"明代,苏州文人贵族间把植菊赏菊视为每年秋季极重要的雅事。明人文震亨在《长物志》中描述："吴中菊盛时,好事家必取数百本,五色相间,高下次列,以供赏玩……若真能赏花者,必觅异种,用古盆盘植一枝两枝,茎挺而秀,叶密而肥,至花发时,置几榻间,坐卧把玩,乃为得花之性情……野菊宜着篱落间。"冯梦龙《警世通言》记载了一则故事:一日苏轼登宰相府访王安石,偶见桌上咏菊诗:"西风昨夜过园林,吹落黄花满地金。"苏轼自恃才高,续句以讽王安石之诗有误:"秋花不比春花落,说与诗人仔细吟。"王安石看后不悦,借故将苏轼贬任黄州团练副使。苏轼抵黄州果然看见当地黄菊花瓣落,满地铺金,自惭学识浅薄,后回京专程向王安石认错谢罪。

到了清代,菊花的栽培技术已臻完善,菊花专著更是层出不穷,如刘灏《广群芳谱》、陈昊子《花镜》、陆延灿《艺菊志》、许兆熊《东篱中正》、闽延楷《养菊法》、颜禄《艺菊须知》、计楠《菊说》、吴仪一《徐园秋花谱》,等等。《花镜》一书记载当时菊花有154个品种。计楠的《菊说》载有菊花品种233个,其中新培育的品种有100多个,并提出了菊花育种的方法。此时菊花品种日益增多,这是自唐宋以来菊花第二次进入发展高峰阶段,为皇室贵族所重视。从皇宫府第至乡村山野,养菊、赏菊蔚然成风。特别是乾隆年间,因乾隆特别爱菊,

各地臣子不远千里纷纷献菊，并培育出许多珍贵品种。乾隆元年还有赛菊活动。据《香山县志》载，赛菊就是在菊花"盛开时，集乡人所植名种，设赏格，评高下"。赛时在乡内祠前盖搭花棚，陈列名花，分场考评，对菊吟咏，推魁首，定名次，俨然开科取士。在文人中，画菊题诗也蔚然成风。清代冒辟疆的《影梅庵忆语》，记载：友人送来一盆剪桃红的菊花，董小宛"见之甚爱，遂留榻右。每晚高烧翠蜡，以白团回六曲，围三面，设小座于花间，位置菊影，极其参横妙丽，始以身入，人在菊中，菊与人俱在影中，回视屏上，顾余曰：'菊之意态尽矣，其如人瘦何？'至今思之，澹秀如画"。妙赏菊影，生动传神，人花俱瘦，让人泪下。清朝初年，中国菊花传入欧洲，从此，这一名花遍植于世界各地。

菊花在中国人的心中位置非常高，是花中四君子之一。菊花品类繁多，自古以来记述这些品类的典籍也连篇累牍。而诗人们也是从不同的角度咏颂它，或歌颂菊花的花色，或歌颂菊花的香气，或歌颂菊花的华姿，不一而足。

满园花菊郁金黄，中有孤丛色似霜
——菊之色

《礼记》云："季秋之月，鞠有黄华。"黄华就是黄色的花，可见远古时的菊花只有黄色的花，所以历代诗人咏菊花诗中多注意黄色菊花。如李白《九日龙山饮》：

"九日龙山饮，黄花笑逐臣。醉看风落帽，舞爱月留人。"宋代陆游的《九月十二日折菊》："黄菊芬芳绝世奇，重阳错把配茰枝。开迟愈见凌霜操，堪笑儿童道过时。"贾岛《对菊》："九日不出门，十日见黄菊。"苏轼的《赵昌寒菊》："轻肌弱骨散幽葩，更将金蕊泛流霞。"菊花秋天开，而秋令在金，以黄色为正，所以也有称菊花为黄花的。如《西厢记》中有"碧云天，黄花地，西风紧，北燕南飞"。苏轼的《九日次韵王巩》："相逢不用忙归去，明日黄花蝶也愁。"纵观以上古诗主要说黄色菊花。经过千年的时间洗练与人工培育，现在菊花的花色已经有了紫、黄、红、黑、白、绿、茶、杂八大色系数千个品种，菊花造型也逐渐出现。再者就是白菊，在诗中出现的次数比白菊略多，最早写白菊的当是刘禹锡和白居易。刘禹锡《和令狐相公玩白菊》"家家菊尽黄，梁国独如霜"，说明令狐楚家的白菊在当时还是比较少见的。白居易《重阳席上赋菊》"满园花菊郁金黄，中有孤丛色似霜"，满园黄菊中只有一丛白菊，白菊还是比较珍稀的。

李商隐《和马郎中移白菊见示》赞道："陶诗只采黄金实，郢曲新传白雪英。素色不同篱下发，繁花疑自月中生。浮杯小摘开云母，带露全移缀水精。偏称含香五字客，从兹得地始芳荣。"这是一首唱和诗。诗的首句写陶渊明是很喜爱菊花的人，写了许多赞美菊花的诗赋，但他歌咏的对象只是黄色的菊花。虽然黄色菊花被视为菊中正色，栽种得较为普遍，但白色菊花也自有其妙处。白菊颜色如白雪，正如楚国人所歌的

《阳春白雪》那样高洁不俗。这是对移栽白菊的马郎中的赞美之词。颔联集中写白菊颜色的明净皎洁。白菊的颜色不同于栽种在篱下的普通菊花，那洁白明净的颜色好似是从月宫中生长出来的。这个比喻将白菊渲染得空灵而又富有神韵。颈联接整株移栽过来的白菊，上面缀满了晶亮的露珠，就好似一串串的水晶，摘下来浮在杯中的菊花花朵，就好像云母石一般洁净可爱。上下句分别用了分写与合写的手法，应和了"马郎中移白菊"的主题最后一联，诗人化用了两个典故。"含香"是说汉代的尚书郎在向皇帝奏事的时候，要口含丁香，这是对马郎中的奉承；"五字客"则是利用曹魏时期虞松遇见钟会的故事，赞美马郎中移栽白菊，好似使白菊见到了知音一般。这首诗字句典雅华丽，构思巧妙精致，使人读后余香在口，韵味悠长。

因为菊以黄色为上，而白菊又有药用价值，所以在自古以来的咏菊诗词中，白菊和黄菊被写得最多。但弘一法师有一首《为红菊花说偈》诗，云："亭亭菊一枝，高标矗劲节。云何殷红色？殉道应流血！"此诗作于1941年初冬，是一首十分难得的歌咏菊花的诗歌偈。写红色的菊花，显得比较有新意。更重要的是，这首诗以菊自喻，即以菊花的颜色比喻自己为信仰献身的坚定信念，比喻精妙，寓意高远。菊花亭亭而立，给人一种正直之感，在枝头绽放的花朵，则是重于晚节的表征。殷红似血的花朵正是看透人生、顿悟佛理的弘一大师内心坚定信仰的象征。这首诗虽然短小，但字字精警，形象极为鲜明，给人一种震撼、悲壮的感觉，

让人对弘一大师的高洁品行和人格精神愈加钦佩赞服。据说弘一大师写下这首诗之后，自己也十分满意，认为它能够传达出自己的胸中之意，曾经派人抄写散布给一些友人。

张孝祥《鹧鸪天·咏桃菊花》："桃换肌肤菊换妆。只疑春色到重阳。偷将天上千年艳，染却人间九日黄。新艳冶，旧风光。东篱分付武陵香。尊前醉眼空相顾，错认陶潜是阮郎。"桃菊花是菊花中比较特殊的品种，既具有桃花的艳丽又具有菊花的素雅。二者结合在一起，看到此花，让人一方面想起桃花源的世外仙境，又有脱尘出世之想。

宁可枝头抱香死，何曾吹落北风中
——菊之香

现代人经过化学分析和药理试验，发现有些香菊含有 α-侧柏酮、β-侧柏酮及龙脑等萜类化合物成分，因而能发出浓香。在大量的菊花品种中确实有不同程度的香气，并且目前还存在着几种香味特别浓郁的香菊品种。例如梨香菊、白香菊、黄香梨等品种，特有浓郁的梨子清香；苹儿香菊，更有似苹果的香味。这些品种的花和叶用手触而嗅之则更香。古诗词中对菊花之香多有赞美。唐代李峤《菊》："玉律三秋暮，金精九日开。荣舒洛媛浦，香泛野人怀。"写出菊花香气弥漫，绕人不散的场景，唐代诗人杜甫称菊之香为"轻

香"。"寒花开已尽，菊蕊独盈枝。旧摘人频异，轻香酒暂随。"（《云安九日郑十八携酒陪诸公宴》）冬天到了，所有的花都枯萎了，只有菊花在独自开放。想起过去采过这菊花的人数不胜数，如今就让我借着菊花淡淡的香气随意地饮几杯酒。

唐代王建的《野菊》："晚艳出荒篱，冷香著秋水。忆向山中见，伴蛩石壁里。"把菊花的香称为"冷香"，黄巢也称菊之香为"冷香"，"飒飒西风满院栽，蕊寒香冷蝶难来"（《题菊花》）。把菊花香称为"冷香"是以菊花开花的时令来命名。唐代诗僧无可是贾岛的族弟，他在《菊》中把菊花香称作"野香"："野香盈客袖，禁蕊泛天杯。不共春兰并，悠扬远蝶来。"刘禹锡的诗中也有"素萼迎寒秀，金英带露香"。

菊花干枯之后，香气依然氤氲不散。宋代梅尧臣《十月三日相公花下小饮赋四题·残菊》："零落黄金蕊，虽枯不改香。深丛隐孤秀，犹得奉清觞。"宋代郑思肖《寒菊》："花开不并百花丛，独立疏篱趣未穷。宁可枝头抱香死，何曾吹落北风中。"菊花盛开后，在枝头逐渐枯萎，花瓣并不凋谢落地，所以说"枝头抱香死"。"北风"在南宋文学家的笔下比喻来自北方少数民族的侵扰。诗句用隐喻手法，表明宁可为坚持气节而死去，不愿屈服于异族统治，表现了"宁为玉碎，不为瓦全"的凛然正气，真诚地剖白了诗人至死不渝的崇高民族气节。这两句诗有所本，宋代朱淑真《菊花》诗有"宁可抱香枝头老，不随黄叶舞秋风"，郑思肖略事点化，使诗的意蕴更为深化。

素萼迎寒秀，金英带露香
——菊之姿

  菊花品种众多，形态各异；同时菊花在山中林际，阶下园圃，风中雨中月下霜雾，姿态殊别，在不同的诗人笔下也就呈现出不同的风韵。诗人李白《感遇四首》："可叹东篱菊，茎疏叶且微。虽言异兰蕙，亦自有芳菲。"写菊花枝茎稀疏，花叶也不是特别炫目，菊花迎风绽放时的姿态，却动人无比。唐代令狐楚《九日黄白二菊花盛开对怀刘二十八》："西花虽未谢，二菊又初芳。鬓云徒云白，腰金未是黄。曙花凌露彩，宵艳射星芒。日正开边树，风清发更香。"写出无论是白天还是黑夜，菊花都闪耀着夺目的光彩，清风吹过，飘来菊花的阵阵幽香。刘禹锡和诗一首，在《和令狐相公九日对黄白二菊花见怀》中赞叹菊花的美姿："素萼迎寒秀，金英带露香。繁华照旄钺，荣盛对银黄。琮璧交辉映，衣裳杂彩章。晴云遥盖覆，秋蝶近悠扬。空想逢九日，何由陪一觞。满丛佳色在，未肯委严霜。"写出了菊花盛开之秀态，迎寒独立，金花浥露，蝴蝶纷飞，灿烂辉煌。

  陆龟蒙的《忆白菊》写道："月明阶下窗纱薄，多少清香透入来。"写月下菊花，月光照耀着雕栏玉砌，窗纱透寒，菊影婆娑，清香徐徐袭来，沁人心脾，而这正好和当时文人所推崇的"含蓄内敛，骨气清高"不谋而合。白菊的超凡脱俗、冰清玉洁在刘禹锡笔下颇有仙风道骨的意味："仙人披雪氅，素女不红妆。粉蝶

来难见，麻衣拂更香。向风摇羽扇，含露滴琼浆。高艳遮银井，繁枝覆象床。"印证了诗人那种"出淤泥而不染"的洁身自好。那些开放在东篱下或深山中的野菊，有着旺盛的生命力，它们的这种顽强与自然抗争的精神，也往往被诗人所敬仰，如王建《野菊》"晚艳处荒篱，冷香著秋水。忆向山中见，伴蛩石壁里"，它们不畏严霜，不辞寂寞，不论出处，不管进退，大有"穷则独善其身，达则兼济天下"的可贵品质。

菊花自古以来，凭着孤标劲节的品格成为诗人的最爱。从屈原"朝饮木兰之坠露兮，夕餐秋菊之落英"到陶渊明的"采菊东篱下，悠然见南山"，吟咏菊花品质、陶情励志的诗篇不绝于今。这些诗作或取其形，或取其质，或取其貌，或取其姿，或借咏菊以寄志，或借咏菊以抒情，或借咏菊以喻事，各有各的格调，各有各的旨趣，各有各的手法，千姿百态，丰富多彩。

采菊东篱下，悠然见南山
——隐者的象征

周敦颐在《爱莲说》中写道："水陆草木之花，可爱者甚蕃。晋陶渊明独爱菊""予谓菊，花之隐逸者也；牡丹，花之富贵者也；莲，花之君子者也。噫！菊之爱，陶后鲜有闻"。由是菊花被称为"花中隐士"。据记载，陶渊明在担任彭泽县令时，不愿为五斗米折腰，解绶还乡，归隐田园、适情足志，以追求性情的本真，过着"击

壤以自欢"的生活，成为后世文人心目中的隐士典范。他酷爱菊花，用菊花的清雅傲霜，来喻指自己的君子情怀，写下了不少咏菊名篇。他在《饮酒·其七》中吟唱道："秋菊有佳色，裛露掇其英。泛此忘忧物，远我遗世情。一觞虽独尽，杯尽壶自倾。日入群动息，归鸟趋林鸣。啸傲东轩下，聊复得此生。"诗中用菊花和酒来传达自己的归隐思想。菊花开于百花凋零之后，卓然独立，傲然不群，而且"何以解忧，唯有杜康"，诗人"杯尽壶自倾"、"啸傲东轩下"，忘却尘世，摆脱忧愁，逍遥自在，自得其乐。他在《饮酒·其五》中更是表达出自己采菊以怡情的行为："结庐在人境，而无车马喧。问君何能尔，心远地自偏。采菊东篱下，悠然见南山。山气日夕佳，飞鸟相与还。此中有真意，欲辨已忘言。"读完此诗，让人仿佛目睹了一位至诚至静的自在之人陶然于田园之乐的那种无拘无束的情态，感受到了那种出诸自然、浑然天成的美好境界。在《九日闲居·并序》的序中说道："余闲居，爱重九之名。秋菊盈园，而持醪靡由，空服九华，寄怀于言。"在诗中说道："酒能祛百虑，菊解制颓龄。"他在《和郭主簿》一诗中也写道："芳菊开林耀，青松冠岩列。怀此贞秀姿，卓为霜下杰。"诗人高度赞赏"霜下杰"，以菊花的傲然不屈品格和气质自勉，后人因陶渊明有此不慕荣利、志存隐逸的品格，尊称他为靖节先生。

在陶渊明之前的咏菊文学还大多停留在对菊花外形、功用的描述，从陶渊明开始，咏菊文学逐渐转向了对菊花内在品质的赞美歌颂。菊花傲然不俗、坚贞不屈的品性，与传统文人理想人格中的清高淡泊、固守穷节等品质相契合,成为一种隐逸文化的固定象征,菊花也成了隐士的化身。咏菊诗词中常用常出的"陶令、东篱、白衣人送酒"等有关陶渊明的典故,也与菊花意象融为了一体。古代的诗人大多怀有报国安邦的雄心壮志,但现实往往并不如人意。许多诗人在受挫时,感到尘世不如意,并受道家逍遥哲学的影响,寄情于山林风物,渴望清净无争的生活,于是菊花也便具有了隐者高士的意象。这一类的诗歌数量很多,如孟浩然的《过故人庄》"故人具鸡黍,邀我至田家。绿树村边合,青山郭外斜。开轩面场圃,把酒话桑麻。待到重阳日,还来就菊花。"在这首诗中,菊花是远离尘俗、孤芳自赏的隐士生活的写照,也是诗人洁身自好、高标独步的情操的映射。唐代诗人李山甫《菊》:"篱下霜前偶得存,忍教迟晚避兰荪。也销造化无多力,未受阳和一点恩。栽处不容依玉砌,要时还许上金尊。陶潜殁后谁知己,露滴幽丛见泪痕。"写菊花不曾栽在玉砌之下,只得栖身篱下,陶渊明去世后,没人把菊花当作知己,写出诗人不被重用,学习陶渊明采菊隐居情怀。

竹叶于人既无分,菊花从此不须开
——思乡怀人

《西京杂记》中记载:"九月九日,佩茱萸,食蓬饵,饮菊花酒,云令人长寿。"相传自此时起,有了重阳节求寿之俗。重阳佳节,登高望远,聚会饮酒、赏菊

赋诗已成时尚。同时这一天也是家人团聚的一天。正如王维在《九月九日忆山东兄弟》所说的，"遥知兄弟登高处，遍插茱萸少一人"，此时王维十七岁，独自一人漂泊在洛阳与长安之间，他是蒲州（今山西永济西南蒲州镇）人，蒲州在华山东面，所以称故乡的兄弟为山东兄弟。远在家乡的兄弟，按照重阳节的风俗而登高时，也在怀念自己。全诗含蓄深沉，既朴素自然，又曲折有致，其中"每逢佳节倍思亲"更是千古名句，道出了古今重阳佳节身在异乡的人们共同的心情。他们面对他乡盛开的菊花，饮着菊花酒，思亲念友之情油然而生。家乡远隔千山万水，心中的忧伤和思念无穷无尽。

在农耕文明时代，交通不便，通信不发达，仅靠书信报平安。人们或历经战乱，辗转漂泊，或宦游在外，自然思乡怀人，悲愁叹老，伤时忧民，常常借助重阳登高、饮酒赏菊一吐胸中块垒。如陶渊明的《问来使》："尔从山中来，早晚发天目。我屋南窗下，今生几丛菊？蔷薇叶已抽，秋兰气当馥。归去来山中，山中酒应熟。"诗人通过问山中来使，问家中的菊花长了几丛，菊花酒酿好了没有，表现了自己对家乡亲人的牵挂和归隐的思想。又如岑参的《行军九日思长安故园》："强欲登高去，无人送酒来。遥怜故园菊，应傍战场开。"诗人由欲登高而引出无人送酒的联想，又由无人送酒遥想故园之菊，复由故园之菊而慨叹故园为战场，思乡、感时、伤乱的情绪展露无遗。杜甫的《九日》："重阳独酌杯中酒，抱病起登江上台。竹叶

于人既无分,菊花从此不须开。殊方日落玄猿哭,旧国霜前白雁来。弟妹萧条各何在,干戈衰谢两相催!"《杜臆》中评价说:"竹叶"一联反言,以见佳节不可不饮也;"雁来"恒事,加一"旧国"便异,以起下句,雁来而旧国之弟妹不来也。思念自己的兄弟姐妹,借酒浇愁,不愿面对菊花,思亲人之痛溢于言表。李商隐的"已悲节物同寒雁,忍委芳心与暮蝉"(《野菊》),野菊与寒雁、暮蝉这些意象皆满蕴着诗人郁郁寡欢的悲情。秦观的《满庭芳》:"问篱边黄菊,知为谁开?谩道愁须殢酒,酒未醒、愁已先回。"西风寒菊点缀着荒寂的驿馆,孤旅天涯,内心频受煎熬,词人写尽了伶仃孤处的滋味。词中泪水盈盈,情调悲苦。李纲的《渔家傲》:"木落霜清秋色霁,菊苞渐吐金英碎。佳节不随东去水,谁得会,黄花开日重阳至。三径旧栽烟水外,故园凝望空流泪。香色向人如有意,挼落蕊,金尊满满从教醉。"词人看到金菊含苞吐蕊,花瓣摇曳枝头。遥望故园,两眼蓄满了思念的泪水。菊花的香色对人如有情意,就让人采摘下来,酿成美酒,一醉方休!面对重阳菊花,词人表现了浓郁的思乡之情。苏轼词中也多写菊花,写出当时重阳节的习俗如赏菊、插菊等,如"此会应须烂醉,仍把紫菊茱萸,细看重嗅。摇落霜风,有手栽双柳。来岁今朝,为我西顾,酹羽觞江口。会与州人,饮公遗爱,一江醇酎"(《醉蓬莱·重九上君猷》),"美人怜我老,玉手簪黄菊。秋露重,真珠落袖沾余馥"(《千秋岁·湖州暂来徐州重阳作》),"尘世难逢开口笑。年少,菊花须插满头归"

(《定风波·重阳》)。苏轼身世漂泊,生活的艰辛常使他因节日菊花想到亲人的分离、光阴的易逝、年华的易老等。

帘卷西风,人比黄花瘦
——思妇怀远

古代女子独守闺房,思念远在他乡的丈夫,尤其是家人团聚的重阳节,借菊花传达自己的思夫情怀,也是诗人们常咏的主题。在《红楼梦》里也有这样的诗句:"篱畔秋酣一觉清,和云伴月不分明。登仙非慕庄生蝶,忆旧还寻陶令盟。睡去依依随雁断,惊回故故恼蛩鸣。醒时幽怨同谁诉,衰草寒烟无限情。"(《梦菊》潇湘妃子)女词人李清照的《醉花阴》:"薄雾浓云愁永昼,瑞脑销金兽。佳节又重阳,玉枕纱橱,半夜凉初透。东篱把酒黄昏后,有暗香盈袖。莫道不销魂,帘卷西风,人比黄花瘦!"这首词是李清照在九月九日重阳佳节思念自己的丈夫所作。最后三句"莫道不销魂,帘卷西风,人比黄花瘦",极为脍炙人口。这三句用西风吹卷帘幕,露出比黄花更为憔悴的少妇面容,形象地抒写了相思之苦。她选择不求浓丽、自甘素淡的菊花加以自比,这既是就眼前取景,又反衬出作者不同凡俗的高标逸韵。菊花在九九重阳应节而开,李清照在佳节重阳思念远在外地做官的丈夫,因思念而销魂憔悴得比秋风摧残下的菊花还瘦。整篇词作语言

清丽，文雅优美。陈德武《鹧鸪天·咏菊》化用李清照的词句，"情脉脉，思纷纷。绕窗吟咏理余薰。卷帘人在西风里，知是新来瘦几分"，写出相思之苦。

李清照非常喜欢菊花，也借菊花来传达自己的相思之苦。"雁过也，正伤心，却是旧时相识。满地黄花堆积。憔悴损，如今有谁堪摘"（《声声慢·寻寻觅觅》），"花自飘零水自流，一种相思，两处闲愁"（《一剪梅·红藕香残玉簟秋》），"秋已尽，日犹长，仲宣怀远更凄凉。不如随分尊前醉，莫负东篱菊蕊黄"（《鹧鸪天·寒日萧萧上琐窗》）。"黄花"即是指代菊花。李清照这些词作表达的主要是思念的淡淡忧伤和感时伤怀的悠悠情思。李清照和其丈夫赵明诚感情甚笃，两人有着共同的爱好，经常唱和诗词，一起搜集古玩，研究金石，李清照对丈夫十分依恋，丈夫宦游外地以后，她独守幽闺，内心忧愁孤寂，形容枯槁，竟然比"黄花"还要瘦，实在可怜。丈夫过世以后她一个人孤苦无依，后因金人入侵，故乡沦于外邦之手，而其本人又随着南下的朝廷颠沛流离，饱尝人间辛酸，因此就有了"憔悴""飘零"的感觉，悠悠情思，溢于言表。

宁可枝头抱香死，何曾吹落北风中
——坚贞高洁

战国时期的诗人屈原在《离骚》中写道："朝饮木兰之坠露兮，夕餐秋菊之落英。"借餐菊花来表明自己

的高洁情操,很多诗人喜欢菊花,看重的是它历尽风霜而坚贞不屈的高尚品格。杜甫在《云安九日郑十八携酒陪诸公宴》曾说"寒花开已尽,菊蕊独盈枝"。唐代诗人元稹《菊花》说得更直接:"秋丛绕舍似陶家,遍绕篱边日渐斜。不是花中偏爱菊,此花开后更无花。"这首诗抒写了自己的爱菊之情,盛赞菊花的坚贞品格。苏轼《赠刘景文》云:"荷尽已无擎雨盖,菊残犹有傲霜枝。"菊之所以被誉为霜下之杰,不仅因为它蕊寒香冷,姿怀贞秀,还因为它有挺拔劲节的枝干。花残了,枝还能傲霜独立,充分体现了它孤高傲世的品格。苏轼在这儿歌颂刘景文孤高傲世的高洁品格,也隐喻自己的情操。郑谷的《菊》则赞颂菊花的高风亮节:"王孙莫把比蓬蒿,九日枝枝近鬓毛。露湿秋香满池岸,由来不羡瓦松高。"一、二两句对比不同的人对菊的不同态度,初步点出菊的高洁。三、四两句以池塘岸边的菊花与高屋瓦上的矮松(一种寄生在高大建筑物瓦檐处的植物)做对比,意在表明菊花虽生长在沼泽低洼之地,却高洁、清幽,毫不吝惜地奉献芳香;而瓦松虽居高位,实际上"在人无用,在物无成"。在这里,菊花被人格化了,作者赋予它不求高位,不慕荣利的思想品质,突出了菊花的高尚气节。宋代诗人郑思肖的"宁可枝头抱香死,何曾吹落北风中"(《寒菊》)则借菊言志,菊花宁可一直守在枝头,何曾被北风吹落在尘土泥沙中,菊花此时成了高尚人格的写照。

夜与西风战一场，满身浑是黄金甲
——铮铮铁骨的象征

南宋张端义《贵耳集》卷下云："黄巢五岁侍翁，父为菊花连句，翁思索未至，巢随口应曰：'堪于百花为总首，自然天赐赫黄衣。'巢父怪，欲击巢。乃翁曰：'孙能诗，但未知轻重，可令再赋一篇。'巢应之曰：'飒飒西风满院栽，蕊寒香冷蝶难来。他年我若为青帝，报与桃花一处开。'"张端义还对该诗做了评注："跋扈之意，已见婴孩之时。"纵观全诗，诗人实际上是以花喻人，托物言志。菊花，是当时社会上千千万万处于社会底层的人民的化身，作者既赞扬他们顶风傲霜的生命活力，又为他们的处境、命运而愤愤不平，立志要彻底改变，让劳苦大众都能生活在温暖幸福的春天里。黄巢的另一首诗《菊花》（又题《不第后赋菊》），是他科举落第后的作品。全诗这样写道："待到秋来九月八，我花开后百花杀。冲天香阵透长安，满城尽带黄金甲。"在这首诗中，诗人借开满京城、占尽秋光的菊花来渲染起义军大获全胜、笑逐颜开的喜悦。全诗表达的是一种对革命必胜的坚定信念和美好憧憬。

据传说明朝开国皇帝朱元璋曾有诗赞菊花说："众花发时我不发，我若发时众花煞。夜与西风战一场，满身浑是黄金甲。"这首诗豪迈有力，气骨凛然，菊花俨然化身为与西风鏖战不休的金甲斗士了。难怪有人评价此诗说"宛然有吞大元声口"，朱元璋也正是以此

诗表达出他的万丈豪情。

毛泽东的《采桑子·重阳》："人生易老天难老，岁岁重阳。今又重阳，战地黄花分外香。一年一度秋风劲，不似春光。胜似春光，寥廓江天万里霜。"词中对革命前途充满必胜的信心，所以描绘的秋光、秋色明艳而壮丽。选择"黄花分外香"这一形象，既表现秋天色彩艳丽，也写出作者的革命浪漫情怀。

菊花从进入人们生活的那天开始，就寄托着中国传统文人的一种理想人格，以其摇曳多姿的身影点缀着中国的古典诗词。大量的诗人用他们的生花妙笔创造出了千姿百态的菊花意象，或描摹菊花的物态，或借菊咏怀、怡情、励志，菊花和诗人的灵魂融为一体，造就了永恒的美。百千年以后，我们重读这些诗作，可以走进诗人的内心世界，领悟菊花的别样人生。

碧玉妆成一树高，万条垂下绿丝绦

——咏柳诗话

陶弘景曰："柳，即今水杨柳也。"苏恭曰："柳与水杨全不相似，水杨叶圆阔而尖，枝条短硬，柳叶狭长而青绿，枝条长软。陶以柳为水杨，非也。"陈藏器曰："江东人通名杨柳，北人都不言杨，杨树枝叶短，柳树枝叶长。"李时珍曰："杨枝硬而扬起，故谓之杨；柳枝弱而垂流，故谓之柳。盖一类二种也，苏恭所说为是。"按《说文》云："杨，蒲柳也，从木昜声；柳，小杨也，从木丣声，昜音阳，丣音酉。"又《尔雅》云："杨，蒲柳也；旄，泽柳也；柽，河柳也；观此则杨可称柳，柳亦可称杨，故今南人犹并称杨柳。"《俞宗本种树书》言："顺插为柳，倒插为杨，其说牵强，且失扬起之义。"李时珍曰："杨柳纵横倒顺插之皆生，春初生柔荑，即开黄蕊花。至春晚叶长成，后花中结细黑子，蕊落而絮出，如白绒，因风而飞，子着衣物能生虫，入池沼即化为浮萍。古者春取榆柳之火，陶朱公言：种柳千树，可足柴炭，其嫩芽可作饮汤。"（《古今图书集成·博物汇编草木典·第二百六十三卷》）

柳，杨柳科，柳属，落叶乔木或灌木。枝条柔韧，叶常狭长，花雌雄异株，柔荑花序，苞片全缘，无花被，有腺体，种子具毛。古人提到柳，往往是杨、柳

并称，称作"杨柳"，大概是因为杨和柳在形态特征上比较相似。《说文》上说："柳，小杨也，从木丣声。"李时珍的《本草纲目》也沿用了这一解释，说它比杨树的树干、树形要小，故而称它为"小杨"。宋代陆佃的《埤雅》进一步解释，说"柳柔脆易生之木，与杨同类。虽纵横颠倒植之，皆生"。《康熙字典》中，综合前人的说法进行取舍、分析："杨柳一物二种，《毛诗》分而言之者，《齐风》'折柳樊圃'，《陈风》'东门之杨'是也。"并引用了明代李时珍《本草纲目》从形态上进行分类，说"杨枝硬而扬起，故谓之杨；柳枝弱而垂流，故谓之柳，盖一物二种也"。《广群芳谱·木谱》中说："柳，易生之木也，性柔脆，北土最多，枝条长软，叶青而狭长。其长条数尺或丈余，袅袅下垂者名垂柳。木理最细腻。"《植物名实图考》卷三十三·木类"柳"条："柳，《本经》下品。华如黄蕊，子为飞絮，前人以絮为花，殊误。陈藏器已辨之。但絮有飞扬者，亦有就枝团簇者，俗以为雌雄。又种生与插枝生者，茎干亦不同云。"从以上古籍记载来看，随着历史发展，人们对柳树的认识逐步趋于柳树的本质化，对于柳树的习性和繁殖也完全掌握。

"杨柳"并称，还有一个传说。唐传奇《开河记》一书中记载说："功既毕，上言于帝，遣决汴口，注水入汴梁。帝自洛阳迁驾大渠，诏江淮诸州，造大船五百只。……龙舟既成，泛江沿淮而下。至大梁，又别加修饰，砌以七宝金玉之类。于是吴越取民间女年十五六岁者五百人，谓之殿脚女。至于龙舟御楫，即每船用彩缆

十条，每条用殿脚女十人，嫩羊十口，令殿脚女与羊相间而行，牵之。时恐盛暑，翰林学士虞世基献计，请用垂柳栽于汴渠两堤上，一则树根四散，鞠护河堤，二乃牵舟之人获其阴凉，三则牵舟之羊食其叶。上大喜，诏民间有柳一株，赏一缣，百姓竞献之，又令亲种，帝自种一株，群臣次第种，方及百姓。时有谣言曰：天子先栽，然后百姓栽。栽毕，帝御笔写赐垂柳姓杨，曰杨柳也。"这个故事也出现在冯梦龙的《醒世恒言》和褚人获的《隋唐演义》中，白居易在《隋堤柳》中也说："隋堤柳，岁久年深尽衰朽，风飘飘兮雨潇潇，三株两株汴河口。"但这不过是一个民间传说而已。

柳树是中国的原生树种，在中国已有2000多年的栽培历史，柳树也是我国有记载人工栽培最早、分布范围最广的植物之一，甲骨文已出现"柳"字。柳树性喜低湿处，而早期人类也是濒水而居，所以柳树很早就进入人们的视野。柳树因其易于栽培和生长迅速的习性，以及树干粗大并具婀娜优美的树形，加之具有一些药用功效，在我国古代的农业、园林、建筑、医药等方面得到广泛的应用。古人不仅以柳树为燃柴，还用柳美化环境，做建筑材料和治疗相关疾病的药物。有一些人专门靠种植柳树生活，《陶朱公术》曰："种柳千树则足柴。十年之后，髡一树，得一载，岁髡二百树，五年一周。""岁种三十亩，三年种九十亩。岁卖三十亩，终岁无穷。"（《齐民要术》）

杨柳最早出现在典籍《诗经》中。《小雅·小弁》中的"菀（茂盛）彼柳斯"，描写出春色清新可喜；《小

雅·菀柳》"有菀者柳，不尚息焉"，显示出柳和人类生产生活关系密切。《诗经·小雅·采薇》篇中便有这样的名句:"昔我往矣，杨柳依依。今我来思，雨雪霏霏。"刘熙载《艺概》指出:"'昔我往矣，杨柳依依；今我来思，雨雪霏霏'，雅人深致，正在借景言情，若舍景不言，不过'春往冬来'耳，有何意味？"这种言情方式概括性较大，如刘勰《文心雕龙·物色》所说的:"'依依'尽杨柳之貌"，以达到"以少总多，情貌无遗"的功效；《诗经·齐风·东方未明》中也有"折柳樊圃，狂夫瞿瞿。不能辰夜，不夙则莫"的句子。樊圃，就是给菜圃围篱笆。也就是说，在《诗经》流行的时代，人们已经在利用柳树做篱笆了。同时也可能就是用柳树做篱笆的缘故，古人才认识到柳"折而树之又生"的习性的。

　　柳树不只有实用功效，还可以美化环境。在古代，人们很早就开始把柳树栽在路旁，用作美化环境的行道树。如《晋书·载记·苻坚上》说:"关、陇清晏，百姓丰乐，自长安至于诸州，皆夹路树槐柳。"汉朝时期，植柳已蔚然成风。汉武帝《咏云阳楼檐柳》诗曰:"杨柳非花树，依楼自觉春。"《史记》称"封吕平为扶柳侯""周亚夫军细柳"，皆以柳命之地名。战国后期至汉武帝时水利事业的发展，使傍河固堤的柳愈益广布。马融《广成颂》说:"纯以金堤，树以蒲柳，被以绿莎。"此后曹丕曾深情地观亲手植下的柳而作赋，引得多人踵随。如应玚曰"植纤柳以承凉"，王粲曰"植佳木于落庭"，等等。《晋中兴书》载陶侃于"武昌道上通种杨柳"；《晋书·载记·苻坚上》载其政绩卓著，"自长安至于诸州,皆夹路树槐柳",百姓歌之曰:"长安大街,夹树杨槐。下走朱轮,上有鸾栖。英彦云集,诲我萌黎"。晋成公《绥柳赋》也讲:"树双柳于道隅,弥年载而成阴。"随着经济发展与南北交流增多,特别是长江中下游商业城市的繁荣,柳愈益与人的生活息息相关。盛弘之《荆州记》言:"缘城堤边,悉植细柳,绿条散风,清阴交陌。"《齐民要术》中记载:"其种柳作之者,一尺一树,初即斜插,插时即编。其种榆荚者,一同酸枣。如其栽榆,与柳斜植,高共人等,然后编之。数年成长,共相蹙迫,交柯错叶,特似房笼。"从中可以看出,通过杂植酸枣等其他树木,可更好地发挥柳树作为篱笆的防护功能。魏晋时代尚人品之范,将先秦君子比德传统具体化。柳作为象征整体的人格化意味乃真正形成并趋于稳定。《古诗十九首》中有"青青河畔草,郁郁园中柳。盈盈楼上女,皎皎当窗牖"。《文选》李善注:"柳茂园中,以喻美人当窗牖也。"这是柳女性化之后唐人的认识。而在当时,柳却多与男性有关。从曹丕等人赋柳及至桓温抚柳悲慨看,柳实为人生价值的参照物,人本质力量的对象化载体。《世说新语·容止》载:"有人叹王恭形茂者,云'濯濯如春月柳'。"对柳的体认与时代风潮同步,名士风流的品藻之风,使人注重从柳的外在意态中提取神韵。《南史·张绪传》载,齐武帝时,有人"献蜀柳数株,枝条甚长,状若丝缕。时旧宫芳林苑始成,武帝以植于太昌灵和殿前,常赏玩,咨嗟曰:'此杨柳风流可爱,似张绪当年时。'"《梁书》卷三十九记载:"杨华,武都仇池人也。少有勇力,容貌雄伟,魏胡太后逼通之。

华惧及祸,乃率部曲来降。胡太后追思之不能已,为作《杨白花》歌辞,使宫人昼夜连臂蹋足歌之,声甚凄婉。"北魏胡太后追思杨白花而作《杨白花歌》:"阳春二三月,杨柳齐作花。春风一夜入闺闼,杨花飘荡落南家。含情出户脚无力,拾得杨花泪沾臆。秋去春还双燕子,愿衔杨花入窠里。"那随风飘逝的杨花,恰好与弃她而去的情人的名字相同,这样,对于胡太后来说,那风中飘荡的杨花,让人触目惊心,黯然魂销。

在隋代,隋炀帝开通运河,柳树被普遍种植于新开凿的运河两岸。《开河记》中描述了当时栽柳的盛况:"诏民间有柳一株,赏一缣。百姓竞献之。"在唐代城市绿化中,柳是广泛栽培的树种之一。《埤雅》中说道:"《中朝故事》云,(唐)曲江池畔多柳,亦号为'柳衙',意谓其成行列,如排衙也。"可见到隋唐五代时期,城市种植柳树已经非常普遍,而且规模也很可观。宋代也有栽植柳树作为行道树为行人遮阴的记载。《宋史·辛仲甫传》曰:"先是州少种树,暑无所休,仲甫课民栽柳荫行路,郡人德之,名为'补阙柳'。"

宋代也常见种植柳树,用以营造森林、防洪护堤。《宋史·河渠志》记载:"(苏)轼既开(西)湖,因集葑草为堤,相去数里,横跨南北两山,夹道植柳。"这里提到的植柳,既可点缀风景,也可防洪护堤。此外,柳还用在圩田上。圩田,也称"围田"或"湖田",即所谓"筑土作围"或"叠为圩岸",是从原来湖中和低洼沼泽荒地上围垦出来的一种农田。一些诗句对宋、元圩田植柳情况亦有所记载,如南宋杨万里的《圩丁词》

第一篇，就形象地描述了柳在圩田上的应用。诗曰："圩田元是一平湖，凭仗儿郎筑作圩。万雉长城倩谁守，两堤杨柳当防夫。"

到了清代，柳树在边塞也被广泛种植。清代杨宾的《柳边记略》就记载了这方面的内容。他说："自古边塞种榆，故曰'榆塞'，今辽东皆插柳条为边，高者三四尺，低者一二尺，若中土之竹篱，而掘土于其外，人呼为'柳条边'，又曰'柳子边'。"无独有偶，在西北也有种植"红柳"。左宗棠在平定西北的同时，也注重发展农业，还让军士种植"柳树"，后人为了纪念左宗棠，便将此地栽培的杨柳称作"左公柳"。杨昌浚曾有诗曰："大将筹边尚未还，湖湘子弟满天山。新栽杨柳三千里，引得春风度玉关。"

柳在古代园林中的应用非常广泛，可以说是中国古代园林中最常见的树木之一。古代不管是帝王御苑，还是私家园林，常收集珍草奇木作为装饰，而柳树却因它容易成活的习性和优美的树形受到青睐。尤其是垂柳，无论是南方还是北方的园林，都很容易发现它的身影，从而惹得诗人纷纷为它吟唱不已。

隔户杨柳弱袅袅，恰似十五女儿腰
——咏柳枝

明代李时珍《本草纲目》从形态上对柳进行分类，说"杨枝硬而扬起，故谓之杨；柳枝弱而垂流，故谓

之柳。"清代陈淏子的《秘传花镜》说:"柳枝长而脆,叶狭长。"的确如此,春风中的柳丝,鹅黄嫩绿,令人赏心悦目,柳丝摇摆,仿佛在向人诉说着春天的故事,唐贺知章的《咏柳》诗曰:"碧玉妆成一树高,万条垂下绿丝绦。"杜甫也有诗云:"只道梅花发,那知柳亦新,枝枝总到地,叶叶自开春。"历代文人咏柳枝的绝唱,多从柳树的枝条出发,赞美杨柳的柔姿。

柳枝又称长条、柔条、绿条、柳丝等,也称为金丝,如唐代崔橹《临川见新柳》"不见江头三四日,桥边杨柳老金丝"。褚人获的《坚瓠广集》第四卷说:"盖柳寄根于天,倒插枝栽,无不可活。其絮飞漫天,著沙土亦无不生,即浮水亦化为萍。是得木精之盛,而到处畅遂其生理者也。……送行之人岂无他枝可折而必于柳者,非谓津亭所便,亦以人之去乡,正如木之离土,望其如柳之随处皆安,一如柳之随地可活,为之祝愿耳。"正是由于"有意栽花花不发,无心插柳柳成荫"的特性,使得人们由柳枝的外在形状的可塑性,联想起其适应性强、生命力盛。事实上,柳的物种属性也的确是易栽易活,有着远非绝大多数植物可比的、令人钦羡的生命力。白居易就非常喜爱柳,经常栽柳,他在《东溪种柳》一诗中咏叹道:"野性爱栽植,植柳水中坻。乘春持斧斫,栽截而树之。长短既不一,高下随所宜。倚岸埋大干,临流插小枝。松柏不可待,梗楠固难移;不如种此树,此树易荣滋。无根亦可活,成阴况非迟。三年未离郡,可以见依依。种罢水边憩,仰头闲自思。富贵本非望,功名须待时。不种东溪柳,端坐欲何为。"《晋书》逸文就

留下这样一首童谣:"剪韭剪韭,断杨柳",谓"贼如韭柳,寻得复生",用柳作喻,形容人的生命力顽强。而为人所对象化了的柳,又因其生命力强而持久,加上枝条的修长,寄寓了审美主体自身的切切良愿,南北朝范云的《送别》诗有"东风柳线长,送郎上河梁",言柳丝长,实说留思长、别情远。《西厢记》有"柳丝长玉骢难系""系春情情短柳丝长",比喻更精致形象。

其实,柳枝的重要特性是柔软,有风吹来,随风摇动,这和女人的身姿容易发生联想。葛立方的《韵语阳秋》记载:"柳比妇人尚矣,条以比腰,叶以比眉,大垂手、小垂手以比舞态,故自古命侍儿,多喜以柳为名。白乐天侍儿名柳枝,所谓'两枝杨柳小楼中,嫋嫋多年伴醉翁'是也。韩退之侍儿亦名柳枝,所谓'别来杨柳街头树,摆撼春风只欲飞'是也。洛中里娘亦名柳枝,李义山欲至其家久矣,以其兄让山在焉,故不及昵。义山有《柳枝》五首,其间怨句甚多。"白居易写过一首《杨柳枝词》,据唐人孟棨《本事诗》载:白居易有妾名小蛮,善舞,白氏比为杨柳,有"杨柳小蛮腰"之句。白居易年事高迈,小蛮还很年轻,"因为杨柳之词以托意,曰:'一树春风万万枝,嫩于金色软于丝。永丰西角荒园里,尽日无人属阿谁?'"后宣宗听到此词极表赞赏,遂命人取永丰柳两枝,移植禁中。这一故事,写尽柳枝的妩媚。柳枝的柔弱惹人爱怜,恰如女子的优柔妩媚的身姿。正如杜甫《漫兴九首》有"隔户杨柳弱袅袅,恰似十五女儿腰";又如温庭筠《南歌子》"转盼如波眼,娉婷似柳腰"。

似花还是非花，也无人惜从教坠
——咏柳絮

《植物名实图考·卷三十三》上说："（柳）华如黄蕊，子为飞絮，前人以絮为花，殊误。陈藏器已辨之。但絮有飞扬者，亦有就枝团簇者，俗以为雌雄。"柳华，就是柳絮，即柳树的种子，上面有白色绒毛，随风飞散如飘絮，所以称柳絮。每年暮春，杨柳絮漫天飞舞，令人驰神瞩目。《世说新语·言语》写才女谢道韫以"柳絮因风起"咏雪；晋伍辑之《柳花赋》亦写其"扬零花而雪飞"。梁萧纲《春日想上林诗》的"春风本自奇，杨柳最相宜。柳条恒著地，杨花好上衣。处处春心动，常惜光阴移"，已微透伤春惜春之忧。如南朝梁庾肩吾《春日》诗："桃红柳絮白，照日复随风。"又如刘禹锡《柳花词》所言："轻飞不假风，轻落不委地。撩乱舞晴空，发人无限思。"由于柳絮纷飞时节，正值春天即将过去，春景即逝，柳絮容易引发人们的伤感，如蜀中名妓薛涛《柳絮》伤己身世飘摇："二月杨花轻复微，春风摇荡惹人衣。他家本是无情物，一任南飞又北飞。"后人认为"柳絮诗便是她自己描写身世的最沉痛的作品"，汪辉秀则认为薛涛是借柳絮以表达"对元稹爱情不坚贞的讽刺和由此给自己造成巨大痛苦的愤恨"。至苏轼《水龙吟·次韵章质夫杨花词》更将其拟人化："抛家傍路，思量却是，无情有思。萦损柔肠，困酣娇眼，欲开还闭。梦随风万里，寻郎去

处,又还被莺呼起。不恨此花飞尽,恨西园,落红难缀。晓来雨过,遗踪何在?一池萍碎。春色三分,二分尘土,一分流水。细看来,不是杨花,点点是离人泪。"全词写得声韵谐婉,情调幽怨缠绵。而柳絮作为暮春的标志,暗示若落叶舞秋风一样,美景难驻红颜易逝。《林下偶谈》有这样一段动人的传说:"子瞻在惠州,与朝云闲坐。时青云初至,落木萧萧,凄然有悲秋之意。命朝云把大白,唱'花褪残红'。朝云歌喉将啭,泪满衣襟,子瞻诘其故,曰:'奴所不能歌者,"枝上柳绵吹又少,天涯何处无芳草"也。'子瞻幡然大笑曰:"是吾政(正)悲秋,而汝又伤春矣。"遂罢。朝云不久抱疾而亡,子瞻终身不复听此词。"《冷斋夜话》则载:"东坡渡海,惟朝云、王氏随行,日诵'枝上柳绵'二句,为之流泪。"朝云的"不能歌",苏轼的"不复听"、诵之流泪,都含有各自深切的身世之感与难可尽言的人生内容,这些又同男女间真挚的爱恋痴情联结起来。

飞絮作为别情相思载体也较常见,李白《闻王昌龄左迁龙标遥有此寄》:"杨花落尽子规啼,闻道龙标过五溪。 我寄愁心与明月,随君直到夜郎西。"又如冯延巳的《蝶恋花》:"撩乱春愁如柳絮,悠悠梦里无寻处。"吴文英的《莺啼序》:"念羁情,游荡随风、化为轻絮。"隋朝侯夫人《妆成诗》:"妆成多自惜,梦好却成悲。不及杨花意,春来到处飞。"

杨花细小而又柔弱,所以千百年来,杨花就以其轻质身微被文人骚客们喻为薄命和悲苦的象征。清代

舒位的《杨花诗》："歌残杨柳武昌城，扑面飞花管送迎。三月水流春太老，六朝人去雪无声。较量妾命谁当薄，吹落邻家尔许轻。我住天涯最飘荡，看渠如此不胜情。"这首诗借杨花暗喻妓女漂泊不定，生活凄苦，容颜易衰，青春将逝的无奈，悲伤的心境。而柳絮杨花任风吹落又令人悯惜，悯惜其不能掌握自己的命运，如清初宋荦的《永遇乐·柳絮》上片："望去非花，飘来疑雪，轻狂如许。未作浮萍，已离深树，此际谁为主？隋堤三月，几回翘首，一片漫天飞舞。最堪怜、无根无蒂，总被东风弄汝。"

柳絮的随风飘摇，让人又产生联想，毫无根基，随风而动，容易让人联想起人的趋炎附势，情怀不一。如杜甫《绝句漫兴九首》说："颠狂柳絮随风舞。"李绅《柳》中说："愁见花飞狂不定，还同轻薄五陵儿。"

不知细叶谁裁出，二月春风似剪刀
—— 咏柳叶

春天到来，柳条吐翠，柳叶开始绽放。如贺知章的《咏柳》："碧玉妆成一树高，万条垂下绿丝绦。不知细叶谁裁出，二月春风似剪刀。"唐代韩溉的《柳》中说："如凭细叶留春色，须把长条系落晖。"方干的《柳》也说："学舞枝翻袖，呈妆叶展眉。"柳叶，由于它的形状，人们常常把它和美女的弯眉联系在一起。如李商隐的《柳》"倾国宜通体，谁来独赏眉？"，梁

元帝萧绎《树名诗》"柳叶生眉上",庾信《春赋》"眉将柳而争绿",白居易《杨柳枝》"人言柳叶似愁眉",《长恨歌》"芙蓉如面柳如眉"等,皆是。直至马致远的套曲《商调·集贤宾·思情》:"柳叶眉儿好,等你过章台";《红楼梦》形容王熙凤"两弯柳叶吊梢眉"。古人由此形容美人,"眉似初春柳叶,常含着雨恨云愁;脸如三月桃花,暗藏着风情月意",形成套板反应,张祜《爱妾换马》的"休怜柳叶双眉翠,却爱桃花两耳红",就是典例。

春风杨柳欲青青,烟淡雨初晴
——美好春天的象征

当冬天走远,东风拂来,春风中的柳丝,最先透漏春的信息,如陆游《柳》:"春来无处不春风,偏在湖桥柳色中。看得浅黄成嫩绿,始知造物有全功。"鹅黄、嫩绿、翠绿,在颜色变化中,让人赏心悦目,柳丝摇摆,仿佛在向人诉说着春天的故事。杜甫有诗云:"只道梅花发,那知柳亦新,枝枝总到地,叶叶自开春。"历代文人咏柳的绝唱,使柳树成了春天的象征。杨柳生长于春,茂密于夏,枝叶葳蕤,生机蓬勃,所以古人常借咏柳来赞美春光,歌咏大自然。例如,"榆柳荫后檐,桃李罗堂前"(陶渊明《归园田居》),"春风杨柳欲青青,烟淡雨初晴"(晏殊《诉衷情》),"叶底黄鹂一两声,日长飞絮轻"(晏殊《破阵子》),"绿

杨烟外晓寒轻，红杏枝头春意闹"（宋祁《玉楼春》），"一川烟草，满城风絮，梅子黄时雨"（贺铸《青玉案》）。春光明媚，美景如画，令人流连忘返。借杨柳歌咏美好春光，最负盛名的当数唐朝诗人贺知章的那首《咏柳》："碧玉妆成一树高，万条垂下绿丝绦。不知细叶谁裁出，二月春风似剪刀。"运用比喻、拟人手法，不但表现了柳叶的精致之美，歌颂了春天的盎然生机，而且唤起了读者的联想，给人留下了极为广阔的想象空间，堪称咏柳的千古绝唱。唐代崔橹在《临川见新柳》诗中吟道："不见江头三四日，桥边杨柳老金丝。岸南岸北往来渡，带雨带烟深浅枝。"烟雨江南，金丝柳随风摇曳，景色宜人。

也有借杨柳表达惜春伤春之情的。例如："杨柳丝丝弄轻柔，烟缕织成愁。海棠未雨，梨花先雪，一半春休。而今往事难重省，归梦绕秦楼。相思只在，丁香枝头，豆蔻梢头。"再如："参差烟柳灞陵桥，风物尽前朝。衰杨枯柳，几经攀折，憔悴楚宫腰。"（柳永《少年游》）把伤春、惜别和相思之情有机地融合在一起。

长安陌上无穷树，唯有垂柳管别离
——行人惜别

在古代诗词中最常见的树木是杨柳，杨柳一进入诗人的视野，就带有别离的象征，而在农耕文明时代，别离又是经常发生的事情，于是，在我国诗词中，别

离成为重要的主题,而别离诗词中,出现最多的就是杨柳了。古代诗词曲借杨柳意象来抒写离别之情的佳句俯拾皆是:"春风知别苦,不遣柳条青"(李白《劳劳亭》),"渭城朝雨浥轻尘,客舍青青柳色新。劝君更尽一杯酒,西出阳关无故人"(王维《送元二使安西》),"扬子江头杨柳春,杨花愁杀渡江人"(郑谷《淮上与友人别》),"细看来,不是杨花,点点是离人泪"(苏轼《水龙吟》),"多情自古伤离别,更那堪冷落清秋节。今宵酒醒何处,杨柳岸,晓风残月"(柳永《雨霖铃》),"柳丝长玉骢难系,恨不倩疏林挂住斜晖"(王实甫《西厢记》),"阅人多矣!谁之得似、长亭树?树若是有情时,不会得青青如许"姜夔《长亭怨慢》,文人们借柳传情,感人心扉。

　　杨柳,枝条细长,柔软婀娜,姿态柔美,温婉多情。《诗经·小雅·采薇》中说:"昔我往矣,杨柳依依;今我来思,雨雪霏霏。行道迟迟,载渴载饥。我心伤悲,莫知我哀!"首先,古代交通不便,造就了人们思维的发达,使人把想象力发挥到极致。出门时是春天,杨柳依依,而回来时已经是雨雪交加的冬天,把一个出门在外的旅人的心情表达得淋漓尽致。为了家中的亲人和家乡的依依杨柳,他可以忍受雨雪霏霏。其次,是因为古人有折柳送别的习俗,所谓"载酒送春别,折柳系离情"。这一习俗到唐代尤盛。当时长安人多到灞桥折柳送别。据《三辅黄图》载:"灞桥在长安东,跨水作桥,汉人送客到此桥,折柳赠别。"这是折柳与赠别有密切联系的最早记载。"高拂危楼低拂

尘,灞桥攀折一何频。思量却是无情树,不解迎人只送人。"(裴说《柳》)"灞桥烟柳,曲江池馆,应待人来。"(陆游《秋波媚》)"杨柳青青著地垂,杨花漫漫搅天飞。柳条折尽花飞尽,借问行人归不归。"(无名氏《送别》)再次,"柳"与"留"谐音,折柳送行,含有殷殷挽留之意,表达眷眷难舍之情。"西城杨柳弄春柔,动离忧,泪难收。犹记多情,曾为系归舟。碧野朱桥当日事,人不见,水空流。"(秦观《江城子》)还有一点是,古曲中有《折杨柳》的送别曲子。例如,汉乐府《横吹曲》中就有《折杨柳》曲。北朝民歌《折杨柳歌辞》有"上马不捉鞭,反折杨柳枝"的句子。唐朝诗人王之涣的《凉州词》:"黄河远上白云间,一片孤城万仞山。羌笛何须怨杨柳,春风不度玉门关。"其中的"杨柳"指的就是《折杨柳》曲。李白的《春夜洛城闻笛》)更妙:"谁家玉笛暗飞声,散入春风满洛城。此夜曲中闻折柳,何人不起故园情。"闻笛声而激起乡愁,触动离忧,何也,皆因此笛吹奏的是《折杨柳》曲。

忽见陌头杨柳色,悔教夫婿觅封侯
——思妇念远

古时候,男性为了生活漂泊在外,或戍边,或科举,或经商,夫妻别离是经常的事情。相思就成为重要的文学主题。杨柳就是这一主题中最常出现的意象。

戴叔伦的《堤上柳》："垂柳万条丝，春来织别离，行人攀折处，闺妾断肠时。"写出独居在家的思妇看到青青的垂柳，垂下的万条柔丝，编织着无穷无尽的离情别绪，禁不住肝肠寸断，泪水涟涟。

唐代王昌龄的《闺怨》："闺中少妇不知愁，春日凝妆上翠楼。忽见陌头杨柳色，悔教夫婿觅封侯。"该诗同样写出少妇的春怨与相思。春天来了，她着意梳妆打扮，到自家高楼上去观赏春景。忽然抬头看到路边的青青杨柳，撩拨起她的相思，使她想起了当年与丈夫折柳送别的场景，激起她对丈夫的无比思恋。孤独、寂寞、悔恨之情便油然而生，当初不该让他去边疆寻求立功封侯。明代顾璘评曰："雍容浑含，明白简易，真有雅音，绝句中之极品也。"

李贺《致酒行》："主父西游困不归，家人折断门前柳。"晏殊《木兰花》词："无情不似多情苦，一寸还成千万缕。"因物及人，又借柳思人。女诗人鱼玄机《杨柳枝》竟至设想若无杨柳，或许就无离愁相思之苦了："朝朝送别泣花钿，折尽春风杨柳烟。愿得西山无树木，免教人作泪悬悬。"柳永《雨霖铃》中的"今宵酒醒何处，杨柳岸晓风残月"，把杨柳、晓风、残月这三件最能触动相思离愁的事物集中成为一幅鲜明而又凄凉的画面。词人设想离别后的凄凉景象，一树杨柳，一腔相思。

姜夔的《淡黄柳·空城晓角》写道："空城晓角，吹入垂杨陌。马上单衣寒恻恻。看尽鹅黄嫩绿，都是江南旧相识。"据他在这首词的小序所说，当时他"客

居合肥南城赤阑桥之西，巷陌凄凉，与江左异。唯柳色夹道，依依可怜。因度此阕，以纾客怀。"词人在看到杨柳后，想起家乡的妻子，在笔端融注了他的恋情离思，倾注了他对恋人的满腔眷怀之感。雍裕之的《江边柳》："袅袅古堤边，青青一树烟，若为丝不断，留取系郎船。"诗人写女主人公希望用绵绵不断的柳丝把情人的船儿系住永不分离。难以割舍的依恋之情通过柳丝的这一意象表现得何等真切，又何等凄婉。

木犹如此，人何以堪
——感时伤世

《春秋纬》云："天子坟高三仞，树以松；诸侯半之，树以柏；大夫八尺，树以栾；士四尺，树以槐；庶人无坟，树以杨柳。"在植物界，柳的"身份"同松、柏等相比是比较低的，就像人类世界中的庶人一般。这使柳的形象让人们觉得有更多的亲近感，更接地气。陶渊明就以堂前的五棵柳树自命，作《五柳先生传》，以自喻"不慕名利""忘怀得失"的高洁品质。世人也因此称他为"五柳先生"，所以杨柳又称为陶门柳。

《世说新语·言语》载："桓公北征经金城，见前为琅琊时种柳，皆已十围，慨然曰：'木犹如此，人何以堪！'攀枝执条，泫然流泪。"桓温在一次北伐时，途经金城，看到当年他任琅琊郡内史时所栽的柳树，都已经十围粗细了，不禁感叹时间的流逝，感物伤己。"木

犹如此，人何以堪"，是说树木尚且在时间的流逝中变老，人怎么会不变老呢？"木犹如此"后来多被用作"树犹如此"，成了感叹时光流逝、年华易老的典故，在诗词中应用犹多。比如辛弃疾《水龙吟》："可惜流年，忧愁风雨，树犹如此！倩何人唤取红巾翠袖，揾英雄泪！"贺铸《楼下柳》："秋鬓重来淮上，几换新蟾。楼下会看细柳，正摇落清霜拂画檐。树犹如此，人何以堪。"欧阳修《去思堂手植双柳今已成阴因而有感》："人昔共游今孰在，树犹如此我何堪。"孔武仲《瞻画枯木》："树犹如此不长久，人以何者堪矜夸。"陈亮《贺新郎》："二十五弦多少恨，算世间、那有平分月。胡妇弄，汉宫瑟。树犹如此堪重别。"姜夔《永遇乐·次韵辛克清先生》词："柳老悲桓，松高对阮，未办为邻地。"高启《题大黄痴天池石辟图》诗："汉南已老司马树，岘首已仆羊公碑。"

宋李元膺《洞仙歌序》谓："一年春物，惟梅柳间意味最深。"而梅多孤傲清高，柳尚朴实柔弱。故古代文人多由柳的荣枯联想到自身华年不永，由折柳联想自身的任人攀折摆布。梁吴均《咏柳诗》："细柳生堂北，长风发雁门。秋霜常振叶，春露讵濡根。朝作离蝉宇，暮成宿鸟园。不为君所爱，摧折为何言。"南宋黄孝迈《湘春夜月》："欲共柳花低诉，怕柳花轻薄，不解伤春。"实为反弹琵琶之语。寒食踏青，空对芳菲，柳每每作为情人、失意者眼中的伤心之树；岁暮悲秋，妄惜流年，柳又常作有志者、哀愁人笔下的憔悴自身。王士禛的《灞桥柳》："灞桥杨柳碧毵毵，曾送征人去

汉南。今日攀条憔悴绝,树犹如此我何堪。"透过柳这一形象,诗人的愁苦弥漫满纸。胡宿《感旧》:"曾迷玉洞花光老,却过金城柳眼新。"秦观《念奴娇》:"玉洞花光,金城柳眼,何用生凄怆。"李清照《上韩公枢密胡尚书诗》:"贤宁无半千,运已遇阳九。勿勒燕然铭,勿种金城柳。"借助杨柳,抒发己怀。

　　杨柳是春天的标志,在春天中摇曳的杨柳,姿态优美,尤其是垂柳,纤细下垂的枝条,如眉的柳叶,满树嫩绿,给人以欣欣向荣之感。面对依依杨柳,吟咏古人咏柳诗词,诗情画意,流淌襟怀,让人不禁"遥襟俯畅,逸兴遄飞"。

不随天艳争春色，独守孤贞待岁寒
——咏竹诗话

"竹，冬生草也，象形，下垂者箁箬也，凡竹之属皆从竹。"(《说文》)"植物之中有名曰竹，不刚不柔，非草非木，小异空实，大同节目，或茂沙水，或挺岩陆，条畅纷敷，青翠森肃，质虽冬蒨，性忌殊寒，九河鲜育，五岭实繁，萌笋苞箨，夏多春鲜，根干将枯，花覆乃悬，筹必六十，覆亦六年，竹实曰覆，竹枯曰筹，竹六十年一易根，必生花结实而枯，及实落土又复生焉。"(戴凯之《竹谱》)

竹子，禾本科多年生木质化植物。据《尚书·禹贡》记载"扬州筱簜既敷。传曰：筱，竹箭。簜，大竹。蔡注：筱之材中于矢之笴；簜之材中于乐之管。簜亦可为符节。"可见，竹子最早被称为筱、簜等。如南朝江淹《灵丘竹赋》云："被菌箖之窈蔚，结筱簜之溟蒙。"据赞宁《笋谱》说："(笋)一名竹子，张华《神异经》注：'子，笋也。'"由此可知竹子原指竹笋。"竹子"这一名称大约出现在魏晋时期。在草木之中，竹子的别称雅称大概是最多的了，择要者列于下：其一"不秋草"，金代马天来《赋丹霞下寺竹》："人天解种不秋草，欲

界独为无色花。"其二"此君",源于《晋书·王徽之传》:"(徽之)尝寄居空宅中,便令种竹。或问其故,徽之但啸咏指竹曰:'何可一日无此君耶!'"后因作竹的代称,如唐代岑参《范公丛竹歌》:"此君托根幸得地,种来几时闻已大。盛暑翛翛丛色寒,闲宵槭槭叶声干。"其三"妒母草",据《埤雅·释草》记载:"今俗呼竹为妒母草,言笋旬有六日而齐母。"明代谢肇淛《五杂俎·物部二》:"竹名妒母,后笋之生必高前笋。"其四"龙孙",如陆游《夹路多修竹》诗:"桑麻有余地,家家养龙孙。"其五"绿玉君",源于李时珍《本草纲目·青玉》:"绿玉以深绿色者为佳,淡者次之。"其六"玉管",也是竹子的美称,如唐朝韩琮《风》:"凉飞玉管来秦甸,暗袭花枝入楚宫。"其七"明玕",竹子的又一别称,出于陶渊明《读山海经》:"亭亭明玕照,落落清瑶流。"周紫芝《竹坡诗话》解释说:"盖明玕谓竹,清瑶谓水。"

周朝时期,我国典籍中就有关于竹子的记载了。《尚书·多士》记载,"惟殷先人有册有典","册""典"指的就是用竹木简做成的书。可见,竹子从进入人们生活就为文化事业做着贡献。《尚书·禹贡》记载,"东南之美会稽之竹箭",说明那时人们开始对竹子进行审美欣赏活动了。竹最早进入中国文学视野的是先秦民歌《弹歌》:"断竹,续竹,飞土,逐肉。"这是一首表现原始人类射猎生活的诗歌,在这里竹子只是一种客观物质的再现,还没有被赋予任何意义上的文学色彩。《诗经》中开始出现咏竹的篇章和诗句。如《诗

经·卫风·淇奥》:"瞻彼淇奥,绿竹猗猗。有匪君子,如切如磋,如琢如磨。瑟兮僩兮,赫兮咺兮。有匪君子,终不可谖兮。"诗中以"绿竹"起兴,借绿竹的挺拔、青翠、浓密来赞颂君子的高风亮节,开创了以竹喻人的先河。用来赞美卫武公严正、勇猛、心胸宽广的君子德行。《诗经·小雅·斯干》中又有"如竹苞矣,如松茂矣"的句子,以竹苞(即竹根)坚固来比喻兄弟和睦家族兴盛。《卫风·竹竿》"籊籊竹竿,以钓于淇。岂不尔思?远莫致之",写一位思归的卫女回忆幼时的钓鱼之乐。在这些诗句中,竹子只是起到比兴的作用,没有成为独立的吟咏对象。

秦汉时期,竹子开始人工栽培,进入园林。如《拾遗记》记载:"始皇起虚明台,穷四方之珍,得云冈素竹。"秦始皇为建"上林苑",从山西云冈引种竹子到咸阳。汉代时竹子以主人公的身份进入诗歌,开始出现以竹为题材来抒写情志的咏物诗,如《古诗十九首》中的《冉冉孤生竹》,以竹结根于泰山比喻妇人托身于君子。虽还没有摆脱比兴的角色而自成一格,但用竹子标榜人物风雅的风气已经初成。汉代梁孝王刘武在睢阳建造梁园,又名修竹园。梁孝王好宾客,司马相如、枚乘等辞赋家皆曾被延居园中,吟咏游赏。王勃在《滕王阁序》中就有"睢园绿竹,气凌彭泽之樽"的句子,用来形容嘉宾如云聚会的场景。

魏晋南北朝时,随着皇家园林和官宦私家园林的兴盛,竹子也相应得到广泛人工栽培。如《洛阳伽蓝记》就记录了洛阳官宦贵族的私园"莫不桃李夏绿,

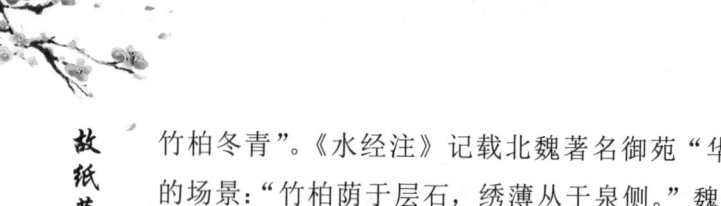

竹柏冬青"。《水经注》记载北魏著名御苑"华林园"的场景："竹柏荫于层石，绣薄丛于泉侧。"魏晋之际社会动乱，政治黑暗。当时的文人、士大夫受政治动乱和宗教处世思想影响，崇尚玄谈，寄情山水，文人们"遵四时以叹逝，瞻万物而思纷"（陆机《文赋》），借物抒怀成为普遍现象。如竹林七贤为避乱世，遁迹山林寄情山水。晋室东渡以后，王徽之、翟庄、袁粲爱竹尤甚，王徽之称"不可一日无此君"。文人雅士赞竹、赋竹成为一时之风气，如郭璞的《桃枝竹赞》、王羲之的《邛竹杖贴》和戴逵的《松竹赞》等。晋朝时，中国最早的植物专谱——戴凯之的《竹谱》以韵文的形式诞生。这些文赋重在排列竹的性质、状貌和用途。这时竹仍仅仅作为客观的物质存在，不包含任何微言大义，描摹景物的高超技法和平直浅白的意蕴形成鲜明的反差。但值得欣慰的是，竹已开始成为作品的主角和文学的主体，不再依附于其他的意象而存在。竹开始摆脱其原始的自然属性而逐渐被赋予文学符号的性质，用来表现诗人的审美情趣、人格理想和艺术追求，源于南齐诗人谢朓。其《秋竹曲》"婵娟绮窗北，结根未参差。从风既袅袅，映日颇离离。欲求枣下吹，别有江南枝。但能凌白雪，贞心荫曲池"，借歌颂竹的"凌白雪"和"贞心荫曲池"来表现自己忠贞不贰的高洁品行，确立了竹作为文学符号的地位。

竹子在唐宋时期已经被人们广泛运用到美化环境人工造景之中。唐代王维在辋川构建了"辋川别业"，建有"竹里馆"，栽培大片竹林环绕四周，在旁边山岭上

遍种竹林，称为"斤竹岭"，溪水环绕，山道相通，满眼青翠掩映。他还为这两个景点题诗。《斤竹岭》："檀栾映空曲，青翠漾涟漪。暗入商山路，樵人不可知。"《竹里馆》："独坐幽篁里，弹琴复长啸。深林人不知，明月来相照。"又如他在《山居秋暝》写道："竹喧归浣女，莲动下渔舟。"北宋时期，宋徽宗赵佶亲自参与设计规划了"寿山艮岳"，《艮岳记》记载："循寿山而西，移竹成林，复开小径至百数步。竹有同本而异干者，不可纪极，皆四方珍贡，又杂以对青竹，十居八九，曰斑竹麓。"北宋李格非所写《洛阳名园记》所评述的私家园林中，绝大多数都有竹子景观，并有"三分水、二分竹、一分屋"之说。从南宋周密《吴兴园林记》也可了解到吴兴的宅园"园园有竹"。竹子造园进入了一个全盛时期。唐宋时期的杜甫、白居易、李贺、李商隐、苏轼、韩愈、王安石、黄庭坚、陆游等诗人，不仅创作了大量咏竹诗，而且在咏竹文学创作中开风气之先，启后人之门，或提高了竹子在文学题材中的地位，或深化了竹意象的文化内涵。例如，北宋熙宁六年春，苏轼出任杭州通判时，入於潜县（今临安区境内）境"视政"。住在於潜丰国乡寂照寺，寺内有绿筠轩，以竹点缀环境，十分幽雅。苏轼与僧慧觉游绿筠轩时，写下了一首《於潜僧绿筠轩》诗："宁可食无肉，不可居无竹。无肉令人瘦，无竹令人俗。人瘦尚可肥，士俗不可医。旁人笑此言，似高还似痴。若对此君仍大嚼，世间哪有扬州鹤？"苏轼借竹子表达自己的情感，既为风雅高节之人叫好，也批判世间俗物唯欲是求的粗鄙。

明清时期，随着园林发展达到巅峰，竹子在人工培植和造景上，也达到了很高的境界。这时期刊行了很多与竹子栽植有关的著作，如王象晋《群芳谱》、屠隆《山斋清闲供笺》、李渔《闲情偶寄·居室部》等，最有影响的要数计成的《园冶》、文震亨的《长物志》，这些著作都对竹子造园做了详尽、精辟的论述，为后人推崇、仿效。明清园林，特别是竹子园林发展进入成熟阶段。这时，竹子与水体、山石、园墙建筑结合，以及竹林景观，成为江南园林、岭南园林的最大特色之一。例如苏州网师园的"竹外一枝轩"、沧浪亭的"翠玲珑"和"倚玉轩"、拙政园的"海棠春坞"等名园及扬州个园的"春山"等，在竹子造园上运用相当成功，许多造园手法仍是现代园林造景的典范。明清时期，爱竹子的当数郑板桥，他一生酷爱画竹、写竹。他写的咏竹诗意境隽永，蕴含着很强的哲理性。他在《竹》中写道："一节复一节，千枝攒万叶；我自不开花，免撩蜂与蝶。"表现了他超脱世俗、淡泊名利的为人处世方式。如他在《竹石》一诗中所写的那样："咬定青山不放松，立根原在破岩中。千磨万击还坚劲，任尔东西南北风。"这首诗借赞扬竹子宁折不弯、傲然挺立的气质，来表达自己坚韧不屈、正直倔强、决不向恶势力低头的精神品质。

竹子非草非木，亦花亦树。"草木之族，唯竹最盛。"（元代李衎《竹谱详录》序）竹子作为我国传统的观赏植物之一，有着悠久的历史，咏赞竹子的诗篇更是俯拾皆是。

荒林春雨足,新笋迸龙雏
——咏竹笋

竹笋是指幼竹还没有完全从地底下长出来时,竹的芽、嫩茎。又名竹萌(《尔雅》)、竹芽(《笋谱》)、竹胎(《说文》)等。李时珍《本草纲目》曰:"笋,从竹、旬,谐声也。陆佃云:旬内为笋,旬外为竹,故字从旬。今谓竹为妒母草,谓笋生旬有六日而齐母也。"可作为蔬菜食用。

一提到竹笋,就会想到一个成语:雨后春笋。春天到来,一场春雨过后,竹笋一下子就长出来很多。后来人们多用它比喻事物迅速大量地涌现出来。一般认为这个成语出自宋代张耒《食笋》诗:"荒林春雨足,新笋迸龙雏。"其实相关诗词唐代已有。如陈陶《竹十一首·其二》:"万枝朝露学潇湘,杳霭孤亭白石凉。谁道乖龙不得雨,春雷入地马鞭狂。"竹笋的萌发生长有时是不约而同的,如唐代徐夤在《鬓发》诗中所说:"深园竹绿齐抽笋,古木蛇青自脱鳞。"写出雨后春笋勃发的态势。而有时又仿佛未曾训练的士兵,步调参差,如曹松《桂江》诗中所说:"笋林次第添斑竹,雏鸟参差护锦囊。"写出春笋争先恐后次第出土的情状。类似的诗句还有卢仝的《寄男抱孙》:"竹林吾最惜,新笋好看守。万箨苞龙儿,攒迸溢林薮。"元稹的《寺院新竹》,"宝地琉璃坼,紫苞琅玕踊。"著名革命家董必武的《病中见窗外竹感赋》,"昭苏万物春风里,

更有笋尖出土忙。"韩愈的《游城南十六首·题于宾客庄》:"榆荚车前盖地皮,蔷薇蘸水笋穿篱。"写出太子宾客于頔的住宅院外的景象,榆荚飘零,车前草长满路边,蔷薇拂水,新生的嫩笋穿过篱笆墙,斜伸路边。暮春景象生动传神。

《诗经·大雅·韩奕》云:"其蔌维何,惟笋及蒲。"说韩侯初立,得周宣王厚赐,取香蒲与竹笋之嫩苗为菜蔬以饯之。《周礼》云:"加豆之实,笋菹鱼醢。"由此看来,笋作为蔬菜,由来已久了。竹笋品种繁多,一年四季都有出产,但春笋特别鲜嫩味美,因而被誉为春天的"菜王",李商隐《初食笋呈座中》诗中就有"嫩箨香苞初出林,於陵论价重如金"的描述。据说唐太宗就很喜欢吃笋,每逢春笋上市,总要召集群臣大品"笋宴",并以笋来象征国事昌盛,期盼大唐天下人才辈出,犹如"雨后春笋"。

青林翠竹,四时俱备
——咏竹林

竹子大多成林,竹林形成后,由于它旺盛的生命力,很少杂有其他树种甚至没有多少杂草,加以竹子体形修长,无杂枝,因而显得雅致清爽。王羲之的《兰亭集序》写道:"此地有崇山峻岭,茂林修竹。"竹林虽多野生,也多傍村邻舍成林。姚合在《垣竹》说的,"种竹爱庭际,亦以资玩赏",颇有道理。房前屋后茂

林修竹的环境里，竹林之景触目可赏。古代有竹林隐士如魏晋竹林七贤、唐代竹溪六逸等，佛教观音菩萨有紫竹林道场，《红楼梦》中林黛玉居处潇湘馆也有竹林，可以看出，竹林的环境适合人类生活。"昔因多暇，得访逸轨，坐修竹，临清池，忘今语古，何其乐也。暂别丘园，十有四载，人事艰阻，亦何可言。"(《梁书·卷五十一》)，梁武帝写给何点的诏书中，就写出了当时人们对修竹茂林清幽之境的向往。

南北朝时的陶弘景在《答谢中书书》中说"高峰入云，清流见底。两岸石壁，五色交辉。青林翠竹，四时俱备"。写出了竹林四季青翠的特点，竹林之所以为人们喜爱，也正是这个原因。竹林虽然四季青翠，但也有随着季节变化而形态物色变化的特点，如苏辙《墨竹赋》所说的，"春而萌芽，夏而解弛，散柯布叶，逮冬而遂"。这就造成了竹林在不同的季节有不同的魅力景象，大体说来，春天萌新，夏天成荫，秋天萧疏，冬天傲雪。春天到来，万物萌发生机，竹林中的嫩笋也破土而出，如唐代曹松在《桂江》中吟到"笋林次第添斑竹"，徐夤在《鬓发》说，"深园竹绿齐抽笋，古木蛇青自脱鳞"。随着时间推移，深春渐至，百花齐放，竹林的竹子也褪去旧叶，新竹也已长成，璀璨的新生在明媚的春光里焕然一新，如唐代裴说的《春日山中竹》："数竿苍翠拟龙形，峭拔须教此地生。无限野花开不得，半山寒色与春争。"写出杂花耀眼、竹林摇曳之美。唐代张玭的《新竹》："新鞭暗入庭，初长两三茎。不是他山少，无如此地生。垂

梢丛上出,柔叶箨间成。何用高唐峡,风枝扫月明。"盛夏时节,烈日炎炎,幸有竹林可以乘凉,如王维在《竹里馆》中说:"独坐幽篁里,弹琴复长啸。"坐在竹林里,让人尘世之心顿消,清凉一片。又如李绅的《南庭竹》说:"东南旧美凌霜操,五月凝阴入坐寒。烟惹翠梢含玉露,粉开春箨耸琅玕。"竹林至此,简直是人间仙境。"常恐秋节至,焜黄华叶衰",秋天到了,万木萧索,凋残枯萎,只有竹子与松柏等青翠依旧,许敬宗《竹赋》云:"虽复严霜晓结,惊飚夕扇。雪覆层台,寒生复殿。惟贞心与劲节随春冬而不变。考众卉而为言,常最高于历选。"在肃杀寥落的环境中,青林翠竹的美感格外显眼而珍贵。冬天下雪,竹林变得更加富有境界,如王禹偁《黄州新建小竹楼记》说,"冬宜密雪,有碎玉声"。宋代张继先《惜时芳·对竹赋》说"霜风雪色沈沈晚。残不了、细枝纤干"。写出竹林里的竹子在风刀霜剑严相逼之时,仍能傲然挺立的姿态。

清代陈仪《竹林答问·自序》中说:"子亦见夫修竹乎?娟娟烟痕,萧萧雨影,湿翠生香,高青贮冷,非诗之境乎?春雷昨夜,暝雾四围,箨舒颖脱,薛进鞭肥,非诗之机乎?柯亭之笛,汶阳之笙,晨露时滴,幽禽载鸣,非诗之声乎?展驻篁交,襟披粉污,醉魄初醒,虚心独悟,非诗之趣乎?至于湛渌斟樽,清琴引调,石碧围棋,云寒坐啸,诗所取材,胥领其要,诗不在远,当前已足。子问诗于余,盍亦问诗于竹乎?"诗人对竹子的审美,渗透到诗歌创作之中。郑

板桥在他的题竹画中说:"茅屋一间,新篁数干,雪白纸窗,微侵绿色。此时独坐其中,一盏雨前茶,一方端砚石,一张宣州纸,几笔折枝花。朋友来至,风声竹响,愈喧愈静。家僮扫地,侍女焚香,往来竹阴中,清光映于画上,绝可怜爱。何必十二金钗,梨园百辈,须置身于清风静响中也。"竹子所构成的意境,绝非其他花木所比。它青翠欲滴,四季常青,格高韵胜,明净而深邃。竹在中国的传统文化中具有重要的地位,它蕴含着丰富的文化意蕴,成为君子贤人等理想人格的精神化身,并对中国传统文化的发展产生了深刻的影响。

不随夭艳争春色,独守孤贞待岁寒
——高尚品德的象征

白居易在《养竹记》中写道:"竹本固,固以树德,君子见其本,则思善建不拔者;竹性直,直以立身,君子见其性,则思中立不倚者;竹心空,空以体道,君子见其心,则思应用虚受者;竹节贞,贞以立志,君子见其节,则思砥砺名行,夷险一致者。夫如是,故君子人多树之为庭实焉。"白居易谈了竹子的四种美德:善建不拔;中立不倚;应用虚受;砥砺名行,夷险一致。正因为有这些美德,君子们多将其作为"庭实",白居易以竹喻贤人,表达了自己仰慕贤者的高贵品质,决心坚定不移、正直无私、虚心体

道、砥砺名行的志向。刘岩夫《植竹记》也说："君子比德于竹焉：原夫劲本坚节，不受霜雪，刚也；绿叶萋萋，翠筠浮浮，柔也；虚心而直，无所隐蔽，忠也；不孤根以挺耸，必相依以林秀，义也；虽春阳气旺，终不与众木斗荣，谦也；四时一贯，荣衰不殊，常也；垂蕡实以迟凤，乐贤也；岁擢笋以成干，进德也；及乎将用，则裂为简牍，于是写诗书篆象之辞，留示百代，微此则圣哲之道，坠地而不用闻矣，后人又何所宗欤？至若镞而箭之，插羽而飞，可以征不庭，可以除民害，此文武之兼用也；又划而破之为篾席，敷之于宗庙，可以展孝敬；截而穴之，为箎为箫，为笙为簧，吹之成虞韶，可以和神人，此礼乐之并行也。夫此数德，可以配君子，故岩夫列之于庭，不植他木，欲令独擅其美，且无以杂之乎。窃惧来者之未谕，故书曰《植竹记》，尚德也。"文中总结出竹子具有"刚""柔""忠""义""谦""贤"等多方面的美好品德。明代倪谦《竹坞精舍赋》云："以其有德也，彼群而不党，直而不挠，虚乎有容，洁然自高，溪壑幽足以遂其性，霜冱雪严不能变其操。"王国维《此君轩记》则言："竹之为物，草木之中有特操者。群居而不倚，虚中而多节，可折而不可曲，凌寒暑而不渝其色，……其超世之致，与不可屈之节，与君子为近，是以君子取焉。"竹子这种坦荡卓绝的君子风度，赢得了历代文人们的广泛敬重，成为中国文人的知音挚友，形成中华民族的品格和禀赋。对竹的礼赞，其实质是对君子之德的肯定和歌颂。

首先，竹子的外形具有高直、中空的特点，因此文人常借助竹来象征自己高洁的节操和清介的追求。如梁代刘孝先《咏竹》："竹生空野外，梢云耸百寻。无人赏高节，徒自抱贞心。"高节代表着性格的刚毅、气骨的不移、志向的远大。如李建勋的《竹》："琼节高吹宿凤枝，风流交我立忘归。"高洁气象跃然纸上。再如宋代黄庭坚的《画墨竹赞》"人有岁寒心，乃有岁寒节。何能貌不枯，虚心听霜雪"，王禹偁的《官舍竹》："不随夭艳争春色，独守孤贞待岁寒"，朱淑真《咏直竹》"劲直忠臣节，孤高烈女心。四时同一色，霜雪不能侵"等都是利用竹子有节表达坚守节操，无论穷达，都能泰然处之的个性。

长成的竹子笔直向上，故也有诗人借此来表现气冲云霄的志气，"贞姿曾冒雪，高节欲凌云"，这是孙岘在《送钟员外赋竹》的句子。有凌云之志，其心之高远溢于言表。诗人们用竹表达他们奋发向上的斗志与不屈不挠的精神，他们笔下的竹犹如一个个鲜活的斗士。如高适的《酬马八效古见赠》："奈何冰雪操，尚与蒿莱群。愿托灵仙子，一声吹入云。"借咏竹寄托了自己坚贞豪迈的理想抱负。再如白居易的"无波古井水，有节秋竹竿"表现自己的高尚节操。曾巩《南轩竹》："密竹娟娟数十茎，旱天潇洒有高情。风吹已送烦心醒，雨洗还供远眼清。新笋巧穿苔石去，碎阴微破粉墙生。应须万物冰霜后，来看琅玕色转明。"诗中用"万物冰霜后""琅玕色转明"表达自己的气冲云霄的志气和不屈不挠的精神。

竹子一年四季枝叶青翠，经暑抗寒，诗人们也借此表现坚韧的品性。如清代郑板桥的《竹》："一节复一节，千枝攒万叶。我自不开花，免撩蜂与蝶。"前面两句乍看实写竹子的自然属性，但略加分析，可以发现，由后面两句一托，便不仅仅是实写一节节、一枝枝、一叶叶竹子，而是喻示着作者人生旅途中一以贯之的操守和坚持。"我自不开花，免撩蜂与蝶"不仅自己不涉污浊，也不愿污浊的世界来理自己。又如郑板桥的《竹石》："咬定青山不放松，立根原在破岩中。千磨万击还坚劲，任尔东西南北风。"这是一首自题诗。首联描绘了竹子的风骨和生长环境，扎根青山裂岩中，挺拔坚毅。尾联经历"千磨万击"无所畏惧，面对狂风暴雨决不弯腰。这正是郑板桥自己的坚强品格。再如苏轼的《竹》："今日南风来，吹乱庭前竹。萧然风雪意，可折不可辱。"王安石《与舍弟华藏院忞君亭咏竹》："一径森然四座凉，残阴余韵去何长。人怜直节生来瘦，自许高材老更刚"；元代吴镇《野竹》："虚心报节山之阿，清风白月聊婆娑。寒梢千尺将如何，渭川淇澳风烟多"；岑参的《范公丛竹歌》"守节偏凌御史霜，虚心愿比郎官笔"；再如董必武的《病中见窗外竹感赋》："竹叶青青不肯黄，枝条楚楚耐严霜。昭苏万物春风里，更有笋尖出土忙"，等等，无不写出了竹的清洁高傲，坚韧不拔之品格。

同时竹内部空心，诗人也通过竹的空心来表现谦虚。唐代薛涛在《酬人雨后玩竹》中写道："南天春雨时，那鉴雪霜姿。众类亦云茂，虚心宁自持。多留晋

贤醉，早伴舜妃悲。晚岁君能赏，苍苍劲节奇。"便是以"虚心宁自持"表达自己待人的思想，谦虚之道，才是人生大道。再如钱起的《暮春归故山草堂》："谷口春残黄鸟稀，辛夷花尽杏花飞。始怜幽竹山窗下，不改清阴待我归。"此诗描写"幽竹"以清阴迎"我"归来，用暮春时节鸟稀花飞的改变反衬"幽竹"一如既往地保持着亲情，胜似亲友。此处幽竹象征坚贞不贰、始终忠诚的品格，也表达了诗人的清逸气节。再如叶剑英的《题竹》："彩笔凌云画溢思，虚心劲节是吾师。人生贵有胸中竹，经得艰难考验时"；邓拓的《竹》："阶前老老苍苍竹，却喜长年衍万竿。最是虚心留劲节，久经风雨不知寒。"都是以竹空心的特点比喻谦虚的美德，或赞扬别人，或用来自比。

不是山阴客，何人爱此君
——闲适隐逸的象征

在古代社会或者动荡不安，或者仕途无望，文人将功名看淡，而渴望一种恬静、淡泊的生活，表现在咏竹诗上，则是一种避世的心态和追求超然出尘的境界。所以，杜牧《题刘秀才新竹》中说："不是山阴客，何人爱此君。"如刘谦《新竹》："自是子猷偏爱尔，虚心高节雪霜中。"诗中"子猷"是竹的化身。王子猷是东晋潇洒不羁之士，这里成了竹的意象，是高雅脱俗的人格的象征。诗人们在"子猷"意象的背后，

寄托了自己的生活理想、人格意趣和寻找一处平静的心灵港湾的志向。又如罗隐《竹》："子猷没后知音少，粉节霜筠漫岁寒。"陈陶《竹十一首·其九》云："更须瀑布峰前种，云里阑干过子猷。"贾岛《题郑常侍厅前竹》："万顷歌王子，千竿伴阮公。"

辛弃疾词中也是通过竹意象寄寓自己超尘脱俗的人格追求。如《点绛唇》，"身后功名，古来不换前生醉。青鞋自喜，不踏长安市。竹外僧归，路指霜钟寺。孤鸿起。丹青手里，剪破松江水"，以与僧、竹交友自乐。《清平乐》"连云松竹，万事从今足"表达得更明白；《满江红》"细读《离骚》还痛饮，饱看修竹何妨肉"，《水调歌头》"饭饱对花竹，可是便忘忧"；《卜算子》"静扫瓢泉竹树阴，且恁随缘过"。这些词句都托物言志，意在表明自己高洁出世的人生理想。

美色已成尘，泪痕犹在竹
——相思、爱情的象征

晋张华《博物志》记载："尧之二女，舜之二妃，曰湘夫人，舜崩，二妃啼，以涕挥竹，竹尽斑。"任昉《述异记》也记载："湘水去岸三十许里有相思宫、望帝台。舜南巡不返殁葬于苍梧之野，尧之二女娥皇、女英追之不及，相思恸哭，泪下沾竹，文悉为之班班然。"《群芳谱》也说："斑竹即吴地称'湘妃竹'者。"娥皇和女英的眼泪，洒在了九嶷山的竹子上，竹竿上

便呈现出点点泪斑，这便是"湘妃竹"。因此，泪染的湘妃竹，成为诗人们歌颂爱的意象，人们用它来吟咏那爱情的忠贞。

在古代诗词中，湘妃竹是诗人经常吟咏之物。如刘禹锡《潇湘神》："斑竹枝，斑竹枝，泪痕点点寄相思，楚客欲听瑶琴怨，潇湘深夜月明时。"施肩吾的《湘竹词》："万古湘江竹，无穷奈怨何？年年长春笋，只是泪痕多。"无尽的离愁，无尽的思念，点点泪痕，片片相思，痴情而忠贞的女子，为爱守候着神话！无名氏《斑竹》"殷痕苦雨洗不落，犹带湘娥泪血腥"；汪遵《斑竹祠》"九处烟霞九处昏，一回延首一销魂。因凭直节流红泪，图得千秋见血痕"；无名氏的《斑竹簟》"龙鳞满床波浪湿，血光点点湘娥泣"。一首首斑竹诗凄艳、哀婉，那点点红泪，潇潇斑竹，那爱的绝恋已定格在湘妃竹上，那爱的忠贞已意化于斑竹身上，成为永恒的爱情象征。又如元稹《斑竹》："一枝斑竹渡湘沅，万里行人感别魂。知是娥皇庙前物，远随风雨送啼痕。"李涉《湘妃庙》："斑竹林边有古祠，鸟啼花发尽堪悲。当时惆怅同今日，南北行人可得知。"孟郊《闺怨》："妾恨比斑竹，下盘烦怨根。有笋未出土，中已含泪痕。"这几首诗全然以拟人化手法，掺入诗人的议论来展现斑竹的特征，并利用其斑斑泪痕歌颂爱的忠贞，正如湘妃恸哭，泪水盈盈，她们想见夫君一面，奈何生死阻隔，终难如愿。

新松恨不高千尺，恶竹应须斩万竿
——竹之恶德

竹子在人们心目中具有多方面的比德意义，竹子中的败类或恶流就是君子的对立面，因此形成了贬竹文学，如恶竹、妒母草等说法。最早表达恶竹意象的是杜甫。他的《将赴成都草堂，途中有作，先寄严郑公》诗云："新松恨不高千尺，恶竹应须斩万竿。""新松"指诗人在成都草堂培植的四株小松，诗人希望它们长得快、长得高，在它们身上倾注了热烈的爱。而那种随处乱生、侵蔓庭园的"恶竹"，诗人却认为纵有万竿，也必须把它们除去。以恶竹与新松对举，"千尺""万竿"都是夸张，非如此不足以表现诗人强烈的爱憎。对于这两句诗前人都认为不光是写松和竹，而是另有寓意。杨伦在《杜诗镜铨》中说此两句"兼寓扶善疾恶意。"沈德潜在《唐诗别裁集》中说它们"言外有扶君子、抑小人意。"吴曾《能改斋漫录·事始》中也说："言君子之孤难扶植，小人之多难驱除也。"可见寓有深刻的哲理。

恶竹应该是指那些不成材的竹子，竹子在人们生活中扮演着重要的实用角色，它可做弓箭、竹简、毛笔、竹使符等，这使得竹子不仅具有较高的经济价值，还具有较高的文化内涵。如果竹子不成材，不成器，人们就要砍伐掉，这被称为"洗竹"，比如白居易《洗竹》所说"先除老且病，次去纤而曲"。所除的是不成

材的老病或细小者，所以宋代何耕《寒碧亭》也说"凭栏日日俯清湍，洗竹年年斩恶竿"，竹子不成材，其形象就不具有实用美和艺术美，如宋代刘攽在《自舒城南至九并并舒河行水竹甚有佳致马上成五首·其三》中说："一溪分百泉，一泉流十家。恶竹莽连云，古树横带沙。"可见古人植竹以寄情比德，在以修竹为美的审美观念和材用为贵的实用观念下，恶竹无论美感还是材用都难称人意，故后代多以恶竹象征小人。

就是竹笋也有诗人认为它是破坏美景的恶者形象，如钱俶《宫中作》中"界开日影怜窗纸，穿破苔痕恶笋芽"，这里所说的恶笋芽"比喻宫中奸臣"。还有就是竹子是"妒母"的恶谥，为人所不齿。"俗呼竹名妒母草，言笋生旬有六日而齐母也"，是说竹笋生长速度快，急于赶上母笋，揭示其不知谦让的心态。《五杂组》也云："竹名妒母，后笋之生必高前笋。竹初出土时，极难长，累旬不盈尺。逮至五六尺时，潜记其处，一夜辄尺许矣。"

宋代林次麟《题安隐院曲竹》："直节棱棱是此君，耳孙却以曲为名。首阳山下知难种，只可斜封向管城。"据《新唐书》记载，唐中宗时，韦后及太平、安乐、长宁等公主仗势用事，卖官纳贿，别于侧门降旨授官，称"斜封官"。所以这首诗中的"曲竹"也是贪官污吏的象征。

正因为竹有如此之多的品质，古诗中的竹，已不只是一个简单的客观实在物，它已成为诗人们寄情言志的独特意象。诗人们大多以之比德，托物言志。竹

与人合而为一，人即是竹，竹即是人，两相辉映，其意象深远，别有一番动人之处。